JIASHIYUAN ANQUAN XINGCHE SHOUCE

驾驶员安全行车手册

中华人民共和国交通运输部

U0862861

人民交通出版社

安
全
驾
驶

内容提要

本书是为提高全国驾驶员整体素质而组织编写的驾驶员安全行车手册。全书配以漫画进行讲解，深入浅出地点明了那些非常重要的、但不为公众所熟知的安全知识。本书可作为所有驾驶员的安全行车参考。

图书在版编目（CIP）数据

驾驶员安全行车手册 / 中华人民共和国交通运输部编．北京：人民交通出版社，2006.9

ISBN 978-7-114-06038-0

Ⅰ．驾… Ⅱ．中… Ⅲ．汽车－驾驶员－行车安全－中国－手册 Ⅳ．U471.3-62

中国版本图书馆 CIP 数据核字（2006）第 061003 号

书　　名：驾驶员安全行车手册
著 作 者：中华人民共和国交通运输部
责任编辑：王振军　白峤　顾燏鲁　黄景宇
出版发行：人民交通出版社
地　　址：(100011) 北京市朝阳区安定门外外馆斜街3号
网　　址：http://www.ccpress.com.cn
销售电话：(010) 59757969，59757973
总 经 销：北京中交盛世书刊有限公司
经　　销：各地新华书店
印　　刷：北京恒信邦和彩色印刷有限公司
开　　本：880 × 1230　1/32
印　　张：2.5
字　　数：72千
版　　次：2006年9月第1版
印　　次：2010年1月第9次印刷
书　　号：ISBN 978-7-114-06038-0
定　　价：10.00元
（如有印刷、装订质量问题的图书由本社负责调换）

序

《安全驾驶从这里开始》系列丛书的出版发行，对普及道路交通安全知识，弘扬安全、文明的汽车文化发挥了重要作用。为使更多的交通参与者了解安全驾驶知识，共同培育和谐友善的交通环境，我们吸收《安全驾驶从这里开始》的编写经验，结合国内外成功做法，再次组织专家编写了《驾驶员安全行车手册》这一安全知识普及型读本。

《驾驶员安全行车手册》从细节入手，汇集整理了一些看似简单，却很有效，看似细小，却又不容忽视的安全驾驶常识。空暇之余，信手翻阅，一定会使您颇有收益。希望《驾驶员安全行车手册》能成为您安全上路行驶的必读，给您带来平安和幸福。

交通运输部副部长

本书编写组

组　长　张剑飞

副组长　李　华　徐亚华　杨文银

成　员　韩　敏　蔡团结　徐成光

王振军　白　崤　范　立

李华强　黄景宇　顾熻鲁

吴爱平　范建忠　张开云

夏国建　李　鉉　殷国祥

胡　兴

目录

一 以人为本的安全行车理念……………………1
1 守法自律 ……………………………………2
2 谨慎驾驶 ……………………………………3
3 文明礼让……………………………………5
二 不容忽视的安全行车知识……………………6
1 正确认识车辆的安全装置……………………6
2 做好行车前的检查调整……………………10
3 充分考虑行车中的盲区 ……………………13
4 下长坡要合理使用行车制动…………………14
三 安全行车的8大要点…………………………15
1 控制好车速…………………………………15
2 转弯时的安全驾驶…………………………17
3 切忌疲劳驾驶………………………………19
4 切勿超限超载………………………………21
5 谨慎通过交叉路口…………………………23
6 绝不能酒后驾车……………………………27
7 时刻关注行人安全 …………………………29

8 注意自行车、摩托车的动态……32

四 需要特别提醒的3种道路环境……35

1 夜间……35

2 高速公路……39

3 山区道路……44

五 行车中的险情预测……46

1 能观察到的险情……46

2 容易被忽略的险情……50

六 身心状况与安全行车……53

1 行车中的视觉特点……53

2 药物的副作用……55

3 不良情绪的影响……56

4 年龄因素的影响……57

七 应急驾驶……59

1 应急驾驶的3个原则……59

2 常见紧急情况的处置……61

八 伤员紧急救护知识……63

1 伤员紧急救护的注意事项……63

2 常用伤员紧急救护方法……64

一　以人为本的安全行车理念

汽车这一人类文明和进步的产物悄然走进我们的生活，提高了我们的生活质量，改变了我们的生活方式，然而，您我参与交通、享受汽车的同时，却总有无情的交通事故吞噬着无辜的生命。根据近两年我国交通事故的伤亡统计，平均每5分钟就有一个人丧生车轮之下，平均每1分钟就有一个人因为车祸而伤残。每一起交通事故，都给所有的受害者及其亲人和家庭带来无尽的悲痛。

生命无价。请您在每天的行车中，时刻不忘“安全”二字，事故系于一瞬间，平安源于每一刻。您在驾车时，一定要清醒地意识到，您的任何一次冒险、稍有一点疏忽、哪怕一丝侥幸都有可能给自己和他人留下终身的痛苦和遗憾，甚至会危及自己和他人最宝贵的东西——生命。

关爱自己和他人的生命，是每一位驾驶员义不容辞的责任，平安出行是您我的共同企盼。请您本着对生命的尊重，树立以人为本的安全行车理念，主动遵守交通法规，文明参与交通出行，自觉养成良好的安全意识，共同创造一个安全和谐的交通环境。

关爱生命是每个驾驶员的责任

1 守法自律

和谐的交通环境，人人共享；建设和谐的交通环境，人人有责。法律如同一把双刃剑，似乎束缚了我们的行为，但这种束缚，却往往维护了您我的共同利益，保障了我们的平安出行。法的生命在于实施，交通法规只是创建和谐交通环境的制度保障，人人自觉遵守交通法规，和谐交通环境才能得以实现。自觉遵守交通法规是对自己和他人生命的关爱，人人遵守交通法规，是社会文明和汽车时代的召唤。只有大家都把自觉遵守交通法规作为自己参与交通时秉持的基本准则，从自我做起，才有整个交通环境的井然有序，平安和谐！

守法自律，平安出行

2 谨慎驾驶

充分考虑可能的险情、谨慎驾驶是有效避免交通事故的前提。请您时刻牢记谨慎驾驶的黄金三原则：集中注意力，仔细观察，提前预防。

在道路上驾车，面临的是一个非常复杂的交通环境，在操纵车辆的同时，要随时掌握车辆前后左右的动态，预防其他交通参与者的违法行为，预测可能出现的危险，提前采取措施，这样才能很从容地应对各种情况。

仔细观察各种动态

没有谨慎的意识，不集中注意力、提前采取应对措施，遇到危险往往不能做出及时反应、进行有效处置。因为从发现危险到做出反应需要一定的时间，尤其遇紧急情况时，人很难迅速做出正确反应，甚至会因惊吓而不知所措。所以，您在驾车中一定要给自己留出足够的反应和处置时间，确保行车安全。

驾车时要集中注意力

主动避让、提前预防，远比事故发生过程中的被动处置、紧急避险更为重要。技能只是安全行车的一个方面，更多的还要依靠谨慎驾驶的安全意识。无论您是“老”驾驶员，还是“新手”，都应该自觉养成谨慎驾驶的意识，时刻做到集中注意力、仔细观察和提前预防。

时刻保持谨慎驾驶的意识

3 文明礼让

在人行横道前要让行人先行

良好的交通秩序，需要每一位交通参与者的主动相让和共同维护。因为您在参与道路交通活动中不仅仅是驾车人，也可能是普通行人或者是骑车人。请树立“换位”意识，做到相互礼让。遇前车突然减速、改变方向或行人横过道路时，要及时减速或停车礼让。

礼让行人，关爱生命

行人在车辆面前非常脆弱，轻微刮蹭都可能造成致命伤害。请您牢固树立“斑马线意识”，在人行横道前一定要减速行驶，有行人通过时停车让行。“斑马线”（人行横道线）是行人的生命线，无视“斑马线”，就是对他人生命的漠视。

礼让行车，互相尊重

在行车中，不管自己是否有优先通行权，为了安全，都应该礼让为先。一时相让，看似耽误了一点时间，但避免了不必要的堵塞，反而节省了更多时间。“宁停三分，不抢一秒”，请您礼让行车，尊重他人，尊重自己！

相关法律条文

机动车行经人行横道时，应当减速行驶；遇行人正在通过人行横道，应当停车让行。机动车行经没有交通信号的道路时，遇行人横过道路，应当避让。（《中华人民共和国道路交通安全法》（以下简称《道路交通安全法》）第四十七条）

二　不容忽视的安全行车知识

相对于发达国家来说，汽车进入我们生活的时间较短，许多重要的安全行车知识并不为公众所熟知，很多人因此付出了惨痛代价。正确掌握并运用汽车安全知识，可以大大减小您在驾车中的风险。

1　正确认识车辆的安全装置

汽车上配备了各种各样的安全装置，用来避免交通事故的发生或在发生事故时减轻驾乘人员的受伤程度，但如果使用不当反而会加大危害。因此，您应该掌握这些安全装置的特性，并能正确地使用。

安全带

安全带是一种极其有效的安全防护装置，被誉为“生命带”。在事故中系好安全带的存活机会，是不系安全带的2倍，同时可以将受伤的几率降低50%。

安全带是最简便、最有效的保护装置

系好安全带，不仅是为了遵守法规，而是为了您自己的生命安全。当车辆仅以每小时40千米的速度发生碰撞时，身体前冲的力量就相当于从4层楼上扔下一袋重50千克的水泥块，其冲力之大可想而知。所以，不论在高速公路、低等级公路，还是城市道路，安全带同样重要。即使行驶距离短，或者没有警察监督，也要按规定系好安全带。作为负责任的驾驶员，还应该提醒乘车人系好安全带。关爱自己和他人，请从系好安全带开始。

儿童乘车安全系统和安全座椅

儿童自我控制能力差，身体肌肉骨骼都很单薄，在交通事故中非常容易受到伤害。而一般随车安全带是按照成人的身高设计的。所以，12岁以下、身高不足150cm的儿童不能用随车的安全带，需要使用专门的儿童安全座椅和安全带。

- 体重9～18kg、9个月～3岁的幼儿乘车时，一定要使用专门的儿童安全座椅。

幼儿乘车应使用专门的儿童安全座椅

● 身高140cm、11岁左右的儿童乘车时，一定要使用带三点式安全带的专用座椅。

● 当安全气囊处于工作状态时，前排乘员座位上严禁使用背对行驶方向的儿童座椅，在前排乘员安全气囊上一般贴有警告标志。不管是否使用儿童坐椅，都不要让儿童在前排座椅乘车。

不要抱着小孩坐在前排座椅上，发生紧急情况的瞬间，成人本身处于危险境地，无法顾及儿童，儿童撞到前方硬物，极易遭受伤害。

不要抱小孩坐在前排座椅上

不要让儿童在前排座椅乘车

安全气囊

千万不要认为有安全气囊的汽车就可以不系安全带，恰恰相反，系好安全带是发挥安全气囊保护作用的一个重要条件。安全气囊在碰撞事故中会迅速膨胀，可以防止驾驶员身体撞到转向盘或玻璃上，它与安全带一起构成辅助乘员保护系统。

如果不使用安全带，安全气囊弹出的力量可能使人受到致命伤害。

没有用安全带时安全气囊起爆的情况

防抱死制动系统（ABS）

对于没有防抱死制动系统（ABS）的汽车，紧急制动时，车轮容易被抱死，抱死后方向会失控或车辆甩尾，容易发生事故，抱死后制动距离还会加长。

防抱死制动系统（ABS）是自动防止车轮抱死的装置，其目的是在紧急制动时，保证车辆方向仍能得到控制。当防抱死制动系统起作用时，脚底会感觉到从下面传来的振动，此时不要紧张，应继续用力踩制动踏板。

特别提醒！ 有了ABS，制动效果会好一些，但不要以为有了ABS，就可以晚采取制动措施。ABS最重要的作用是保持车辆行驶方向的稳定性，提前采取制动措施还是必须的。

安全驾驶

2 做好行车前的检查调整

养成行车前检查和调整的习惯，既可以避免车辆存在安全隐患，又能使自己方便舒适地观察和操作，在很大程度上保证了行车安全和方便。即使您着急赶路，也不能忽略这个至关重要的环节。

行车前要进行检查

为了保障车辆正常运行，您要在行车前仔细检查车辆状况，重点从以下几个方面进行：

①检察各种液体情况。包括燃料、发动机润滑油、冷却液、风窗玻璃洗涤液、制动液、助力转向液(如果有助力转向)。

②检查所有的车灯。包括照明和信号装置，特别是不要忘记检查制动灯和倒车灯。

③检查轮胎气压是否正常，胎面有无破损。

④检查发动机软管是否有破裂或渗漏现象。

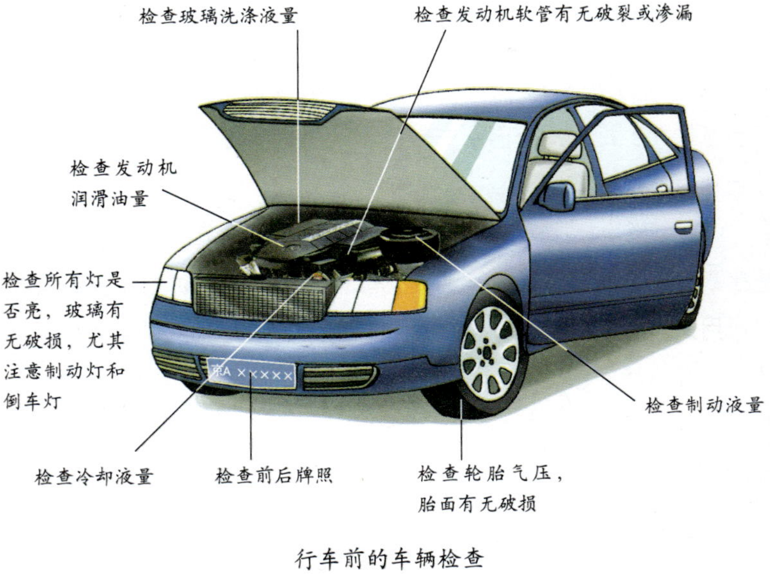

行车前的车辆检查

⑤检查风扇皮带有无损伤，松紧程度是否合适。

⑥起动发动机，观察仪表。

相关法律条文

驾驶人驾驶机动车上道路行驶前，应当对机动车的安全技术性能进行认真检查；不得驾驶安全设施不全或者机件不符合技术标准等具有安全隐患的机动车。(《道路交通安全法》第二十一条)

上车后先进行调整

为了驾驶安全，您必须能舒适地操纵各种装置，并且保证自己能够看清周围的环境。在起动发动机之前，应该调整好座椅、头枕、后视镜的位置，调整并系好安全带，绝对不允许在车辆行驶过程中进行调整。

调整好座椅

正确调整座椅的角度和位置，并将座椅固定好，调整后的位置应该是：

- 您能轻松地操纵所有的操纵装置；
- 当您握住转向盘的时候，手臂能自然放松；
- 您的脚能自然地接触地板；

调整好座椅，使自己舒适放松

- 能将制动踏板和离合器踏板踩到底；
- 头枕能够有效地支撑您的头部。

调整好后视镜

后视镜是行车中获得侧后方信息的重要装置，必须在行车前调整好，保证能够方便的看清镜子中反射的影像。

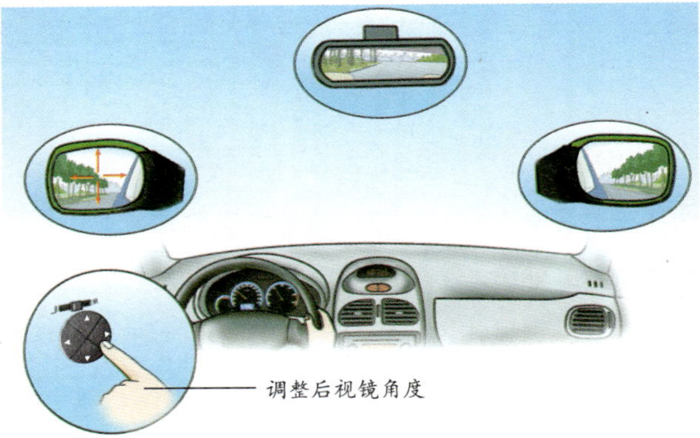

系好安全带

要正确使用安全带，否则不能充分发挥作用。

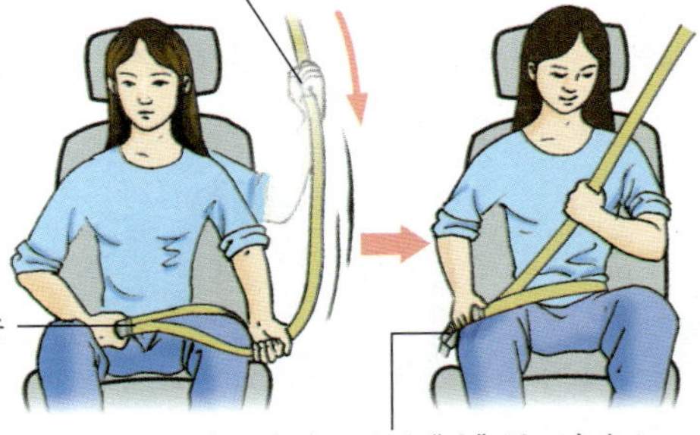

相关法律条文

机动车行驶时，驾驶人、乘坐人员应当按规定使用安全带，摩托车驾驶人及乘坐人员应当按规定戴安全头盔。(《道路交通安全法》第五十一条)

3 充分考虑行车中的盲区

在车辆周围，有您视线看不到的盲区——通过向前直接观察和后视镜观察看不到的地方。

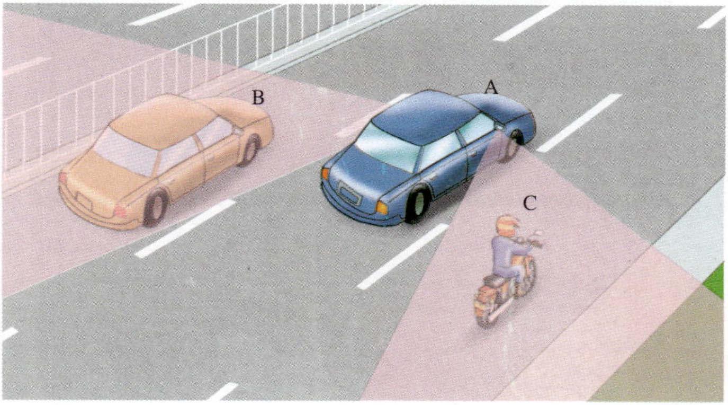

轿车B和摩托车C处于A车盲区内

您在起步、变换车道、交叉路口转弯的时候，应注意盲区内可能潜伏着危险，要适时转头观察后再进行操作，避免事故发生。

靠边停车时要注意盲区内可能有危险

尽量不要在附近其他车辆的盲区内行驶。尤其遇到大型车辆时，要小心谨慎，因为它的盲区范围要更大一些。

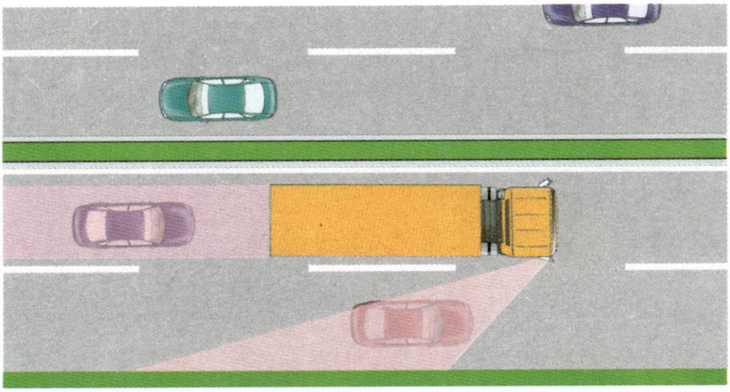

4 下长坡要合理使用行车制动

行车制动器是通过摩擦达到制动（刹车）效果的。如果持续长时间制动，会使摩擦材料温度升高、制动效果迅速下降，甚至造成制动失效。所以，您在连续下长坡时，为避免上述危险的出现，要用挡位控制速度，合理地使用行车制动，严禁空挡滑行，否则会导致制动失效的危险。

知识链接

现在的汽油发动机多为电喷发动机，对这种车来说，空挡滑行并不能达到节油的目的。

三　安全行车的8大要点

在道路上行车，可能会遇到各种危及行车安全的交通情况。要从容应对不断变化的交通动态，确保行车安全，尤其需把握好8大要点：一定控制好车速，转弯别忘记减速，感觉疲劳时不要驾驶，切勿超限超载，谨慎通过交叉路口，绝对不能酒后驾驶，保护行人的安全，注意自行车、摩托车的动态。

1 控制好车速

绝对不要超速行驶

超速行驶是导致交通事故的一个主要原因，占据事故起因第一位。超速行驶，已成为道路交通安全的"第一杀手"。"十次事故九次快"，超速行车时，驾驶员容易紧张、恐慌、疲劳，出现操作失误；一旦遇到险情，往往反应不及时，酿成事故。超过规定速度越多，可能发生的险情也就越多，安全系数越小，事故的后果也就越严重。

控制好车速

以安全的速度行驶，能使您有足够的时间进行判断和处置险情。随着车速的增加，人的视野变窄，而且制动停车距离加长。控制好车速，要保证在前车突然减速或停车时，您能有足够的时间和距离进行制动和减速。

建议纵向安全距离

速度(km/h)	安全距离(m)	速度(km/h)	安全距离(m)
慢行	5以上	50	35以上
30	15以上	60	45以上
40	25以上	100（高速公路）	100以上

控制好跟车速度

缓慢行驶也有危险

如果您驾驶车辆在快速的车流中缓慢行驶，会严重影响正常行驶的车流，同时增加了被超越的次数，容易造成交通拥堵，甚至发生事故。由于您的车速与其他车辆相差较多，一旦发生被后车追尾的事故，产生的冲击力会很大。

严格遵守限速规定

行车中要严格遵守限速的规定，在没有限速标志的路段，要保持安全的行驶速度。尤其在夜间以及遇有沙尘、冰雹、雨、雪、雾、结冰等气象条件时，更应当降低速度行驶。

相关法律条文

机动车上道路行驶，不得超过限速标志标明的最高时速。在没有限速标志的路段，应当保持安全车速。夜间行驶或者在容易发生危险的路段行驶，以及遇有沙尘、冰雹、雨、雪、雾、结冰等气象条件时，应当降低行驶速度。（《道路交通安全法》第四十二条）

2 转弯时的安全驾驶

弯道前减速是十分必要的

车辆在转弯行驶时会向弯道外侧偏斜，由于离心力的作用，容易发生侧滑和倾翻事故。车速越快、弯道半径越小、车辆质量越大，离心力就越大，危险也会越大。另外，弯道处视野不良，使行车危险性增大。因此，低速通过弯道是避免发生事故最有效的措施。

转弯时车速过快

转弯过程中避免发生事故的措施

首先，应该在弯道前充分减速。转弯过程中，控制好速度，并选择合理的行驶轨迹，尽量避免转弯过程中使用制动。同时注意观察对面有无车辆，千万不要弯道超车。

弯道不能超车

急转弯时的安全行车方法

当您看到急转弯或城镇的直角转弯路口时，应及时减速，尽量沿弯道外侧平稳缓慢行驶；遇视线不良的弯道，还应该鸣喇叭、靠右行，并做好停车准备；通过急转弯路时，必须低速；设有弯道镜的路口，还要仔细观察镜中的影像。

注意观察弯道镜中影像

知识链接 ►►

急转弯标志

表示前方是有急弯的路段，以警告驾驶人减速慢行。

反向弯路标志

表示前方是连续有两个方向相反的急弯路。

连续弯路标志

表示前方是连续有三个或三个以上的弯路。

限制速度标志

表示该标志前方至前方解除限制速度标志的路段，机动车行驶速度不准超过标志所示数值。

解除限制速度标志

表示限制速度路段结束。

3 切忌疲劳驾驶

驾驶疲劳的主要表现

在行车中感到有视线模糊、腰酸背疼、动作呆板、手脚发胀或有精力不集中、反应迟钝、思考不周全、精神涣散、焦虑、急躁甚至打瞌睡等现象时，说明您已疲劳。

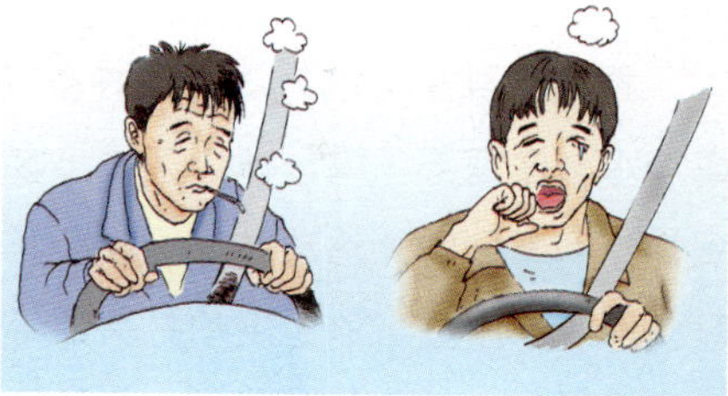

疲劳驾驶的表现

疲劳驾驶的危害

疲劳容易引起驾驶员判断能力下降、反应迟钝和操作失误增加。轻微疲劳时，驾驶员会出现换挡不及时、不准确；中度疲劳时，驾驶员操作动作呆滞，有时甚至会忘记操作；重度疲劳时，驾驶员往往会下意识操作，严重时会失去对车辆的控制能力，严重威胁自己和他人的生命安全。

当您开始感到疲劳时，切忌继续驾驶车辆。如果仍勉强驾驶车辆，则可能导致交通事故的发生。因此，当您感到疲劳时就应及时

疲劳驾驶容易酿成大祸

驶离道路，停到安全地带休息，适时的减轻疲劳程度，恢复清醒。

如果您总是觉得疲倦，并且经常在白天想睡觉，最好是找专家咨询一下，采取适当的治疗和调整措施。

解除疲劳的正确方法

解除驾驶疲劳的方法有多种多样，如休息或小睡、用清凉空气或冷水刺激面部、喝一杯热茶或热咖啡、吃或喝一些酸或辣的刺激食物、到驾驶室外活动肢体、收听轻音乐、作弯腰动作、进行深呼吸、用双手以适当的力度拍打头部等。但这些方法只能是暂时缓解您的疲劳感，并不能从根本上解除疲劳。

睡眠是缓解疲劳、恢复清醒最可靠、最有效的唯一方法。

特别提醒！

防止疲劳驾驶的建议：

- 长途出行之前要有正常的夜间睡眠；
- 不要服用使您困倦的任何药物；
- 不要长时间驾驶车辆，并尽量不在深夜驾驶；
- 行车中保持驾驶室空气畅通、温度和湿度适宜，减少噪声干扰。

当您已经疲劳后，以下方法不能从根本上解除疲劳：

- 驾车时摇晃脑袋；
- 摇下车窗通风；
- 接听收音机；
- 提醒自己保持清醒。

4 切勿超限超载

超限超载严重危及生命和财产安全

车辆超限超载，往往会增加驾驶员的心理负担，加大驾驶操作难度，容易造成制动失灵、爆胎、翻车等事故。据统计，由车辆超限超载引发的道路交通事故时有发生，很多群死群伤的重特大道路交通事故与超限超载有直接关系。由于超限超载后的车辆无法达到正常速度行驶，长时间占用车道，直接影响着道路的畅通。另外，超限超载车辆严重损坏了道路基础设施，致使路面损坏，桥梁断裂，使用年限大大缩短。

超限车辆危害严重

当您驾驶车辆运载货物或乘客时，应严格遵守法律法规中的装载规定，不得超限超载。车辆超限超载不仅对车辆的使用寿命危害极大，而且严重危及行车安全，会给您和他人的生命财产带来不可估量的损失。

超载极易导致各种事故的发生

车辆超载，载质量增大而惯性加大，制动距离加长，危险性增大。如果是严重超载，则会因轮胎负荷过重、变形过大而引起爆胎，使车辆突然偏驶，造成事故。另外，超载还会影响车辆的转向性能，易因转向失控而导致事故。

超载引起恶性事故

相关法律条文

机动车载物应当符合核定的载质量，严禁超载；载物的长、宽、高不得违反装载要求，不得遗洒、飘散载运物。

机动车运载超限的不可解体的物品，影响交通安全的，应当按照公安机关交通管理部门指定的时间、路线、速度行驶，悬挂明显标志。在公路上运载超限的不可解体的物品，并应当依照公路法的规定执行。（《道路交通安全法》第四十八条）

机动车载人不得超过核定的人数，客运机动力不得违反规定载货。（《道路交通安全法》第四十九条）

货运机动车超过核定载质量的，处二百元以上五百元以下罚款；超过核定载质量百分之三十或者违反规定载客的，处五百元以上二千元以下罚款。

有前两款行为的，由公安机关交通管理部门扣留机动车至违法状态消除。（《道路交通安全法》第九十二条）

5 谨慎通过交叉路口

交叉路口是事故的多发地点

交叉路口的交通情况复杂，常出现突如其来的交通状况，是交通事故的多发地点。因此，在通过交叉路口时，您必须保持高度警觉。

通过交叉路口应仔细观察

您在驾驶车辆通过交叉路口时，不仅要观察前方，还要留意左右两侧的车辆和行人，谨慎驾驶。

交叉路口路况复杂、应仔细观察

您在通过有交通信号灯的路口时千万不能大意，应做好会出现一些特殊情况的准备。例如在绿灯亮时，要提防其他方向已经

交叉路口不能抢行

驶过停车线还没有通过路口的车辆和行人；千万不要试图在黄灯亮时就抢行进入路口；同时，要预防其他方向的车辆和行人违章进入路口。

■ 通过交叉路口时要注意避让

● 您在交叉路口左转时，注意迎面直行而来的车辆背后可能有摩托车、助力车等，要加倍小心。

● 您在交叉路口右转时，要仔细观察右后视镜，必要时转头观察右侧交通状况，注意避让直行或者右转的摩托车、自行车和助力车，更要注意避让对面的左转车辆。

● 您在接近交叉路口时，应该注意前面的车辆，尤其是前两辆车的动向，保持安全的车距。为了提醒后面车辆的注意，减速时应分几次踏制动踏板，以防追尾事故。

注意前车动态，保持安全车距

■通过交叉路口时要控制好车速

绿色信号灯亮后，您在交叉路口直行时，应以随时能停车的速度行驶。跟随前车右转时，应注意观察右侧交通情况，减速行驶。

注意右侧情况，减速行驶

在没有交通信号灯控制的路口，您驾车直行、左转弯通过交叉路口时，应减速确认安全后行驶。在有优先权的道路上行驶，接近视线不好的交叉路口时，也应以能随时停车的速度行驶。

■在交叉路口内行驶要避免发动机熄火

当您驾车通过路口时一定要减速，即使是道路条件很好，也应在通过路口前换入低速挡。尽量不要在通过路口的时候换挡，这样可避免您的车辆因减挡不及时而熄火。

避免被卡在拥堵的路口内

当前方路口拥堵时，为了节约您的时间，保证整体车流顺利通过，最好的办法就是耐心等待，不要往前加塞，以免被堵在路口内。否则不仅影响自己，而且会导致拥堵加剧。

通过没有交通信号控制的路口

- 您在通过没有交通信号控制的交叉路口时，应相互礼让。即使有优先通行权，您也要慢行或暂停，注意避让行人和自行车，不要抱有优先意识，强制通行。

让行人先通过

相关法律条文

机动车通过交叉路口，应当按照交通信号灯、交通标志、交通标线或者交通警察的指挥通过；通过没有交通信号灯、交通标志、交通标线或者交通警察指挥的交叉路口时，应当减速慢行，并让行人和优先通行的车辆先行。（《道路交通安全法》第四十四条）

机动车遇有前方车辆停车排队等候或者缓慢行驶时，不得借道超车或者占用对面车道，不得穿插等候的车辆。在车道减少的路段、路口，或者在没有交通信号灯、交通标志、交通标线或者交通警察指挥的交叉路口遇到停车排队等候或者缓慢行驶时，机动车应当依次交替通行。（《道路交通安全法》第四十五条）

6 绝不能酒后驾车

酒后驾车极其危险

人在饮酒后会因血液中的酒精浓度增高，而出现中枢神经被麻痹、自制力降低、视力下降、视线变窄、注意力不集中、身体平衡感减弱等状况，进而会导致运动机能低下，在操纵制动踏板、加速踏板、离合器踏板时动作迟缓。极容易引发因转弯不够而飞出路外或撞到建筑物上、将过路行人撞伤、无视信号或不注意交叉路口而导致迎面相撞、转错转向盘而撞上迎面驶来的车辆等恶性事故。

酒后驾车直接威胁着、自己、车内乘员、其他车辆及路外人员的安全，是一种严重的违法行为。

酒后绝对不能驾车

沾酒就不能驾车

“痛快一时，痛苦一世”，“自己一杯酒，亲人两行泪”……这些浅显易懂的宣传标语，深刻地警示了酒后驾车的危害，但却总有人心存侥幸，以身试之。有的人在酒精的麻醉中永远离去，有的人却在清醒之后追悔莫及。请您牢记这些警句，切勿酒后驾车。

当朋友邀请您共同进餐时，自己要有主见，要想喝酒就坐出租车或乘其他人的车前往。只要您还想开车，必须控制住自己，不要饮酒，哪怕是啤酒或红酒等酒精浓度较低的酒也不要饮用。当无法推辞朋友的盛情而沾酒时，用餐后可将车寄存或请没有喝酒的朋友帮您开回家，绝对不能亲自驾驶。

相关法律条文

机动车驾驶人应当遵守道路交通安全法律、法规的规定，按照操作规范安全驾驶、文明驾驶。

饮酒、服用国家管制的精神药品或者麻醉药品，或者患有妨碍安全驾驶机动车的疾病，或者过度疲劳影响安全驾驶的，不得驾驶机动车。（《道路交通安全法》第二十二条）

饮酒后驾驶机动车的，处暂扣一个月以上三个月以下机动车驾驶证，并处二百元以上五百元以下罚款；醉酒后驾驶机动车的，由公安机关交通管理部门约束至酒醒，处十五日以下拘留和暂扣三个月以上六个月以下机动车驾驶证，并处五百元以上二千元以下罚款。

饮酒后驾驶营运机动车的，处暂扣三个月机动车驾驶证，并处五百元罚款；醉酒后驾驶营运机动车的，由公安机关交通管理部门约束至酒醒，处十五日以下拘留和暂扣六个月机动车驾驶证，并处二千元罚款。

一年内有前两款规定醉酒后驾驶机动车的行为，被处罚两次以上的，吊销机动车驾驶证，五年内不得驾驶营运机动车。（《道路交通安全法》第九十一条）

7 时刻关注行人安全

通过有信号灯的路口要注意横过道路的行人

您在有信号灯的交叉路口直行、左转、右转时，一定不要麻痹大意，可能有一些不遵守规定的行人，会突然横穿道路或做出意想不到的举动。所以无论何时通过路口，都要减速行驶，一定要确保横过道路行人的安全。

通过没有人行横道的路段更要注意横过道路的行人

在没有人行横道的地方，也会有人横过道路。可能会有小孩冲到道路上或者有行人从停止的车辆前方突然穿出，甚至是有些人违章跨越防护栏、横穿道路，您应该意识到这些情况可能会出现，做到提前预防、及时礼让。

没有人行横道的地方也要避让行人

行至人行横道线前要随时准备停车

当您接近人行横道线时，要提前减速观察，随时准备停车礼让

行人可能按了按钮

行人。看到行人在人行横道附近的时候，尤其当您看到行人站在行人专用的人行横道绿灯附近时，应该预见行人可能按了按钮，指示灯将要变化。这时您应该及时减速，准备停车，要预防行人横过道路。

不要盲目超越人行横道前停止的车辆

如果看到人行横道前有停止的车辆时，一定要暂停，不要盲目通过，因为前车可能是停车避让行人。千万不要在人行横道及附近直行超车和变向超车，尤其要提防那些行动缓慢的人，可能还滞留在人行横道上。

小心突然穿出行人

在学校附近要时刻提防学生横过道路

当您驾车经过学校或有注意儿童标志路段的时候，要仔细观察周围的情况，因为儿童比成年人的行为更难以预料。尤其当孩子们上学或者放学的时候，经过学校时一定要减速，随时准备避让横过道路的儿童。

学校附近，减速慢行

关注横过道路的残疾人和老人

当您看到老人、残疾人特别是盲人通过道路时，您应该特别注意，尤其当他们在转弯或背对您的时候，您应及时停车，让他们通过，不要加速或按喇叭。

因此，无论有无人行横道，只要路边有行人，就要做好其横过道路的准备。

避让盲人

相关法律条文

机动车行经人行横道时，应当减速行驶；遇行人正在通过人行横道，应当停车让行。机动车行经没有交通信号的道路时，遇行人横过道路，应当避让。（《道路交通安全法》第四十七条）

知识链接

注意行人标志

用以提醒车辆驾驶人减速慢行，注意前方行人。

慢行标志

表示前方是需要减速慢行的路段。

安
全
驾
驶

8 注意自行车、摩托车的动态

随时注意道路上的自行车、摩托车

在道路上行车，您随时都能遇到自行车或摩托车。因为自行车、摩托车稳定性差，很容易被刮倒，所以您在直行、右转、左转或变更车道时，都要注意观察您周围有无自行车或摩托车，因为抢行的自行车或摩托车会比您想象的速度快。尤其要注意视线不好的路口，可能有自行车、摩托车突然驶出。

注意右侧自行车动态

遇自行车、摩托车一定要保持安全空间

您在驾车中遇到自行车或摩托车时，首先要考虑保持足够的空间。由于自行车或 摩托车是两轮着地，骑车人无论有没有经验随时都可能摔倒。您在驾车超越或跟随时，必须留有安全空间，以避免发生刮碰事故。

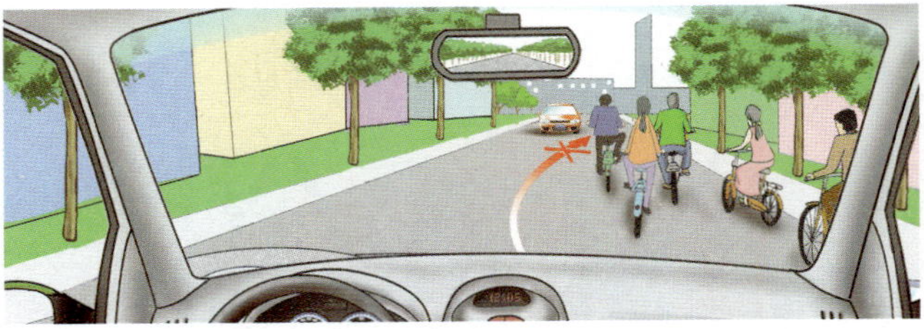

这种情况下不要超越自行车

停车时应观察两侧有无车辆

停车后不注意查看两侧就打开车门，经常会引起与自行车、摩托车的碰撞事故。打开车门前，通过后视镜及直接转头观察两侧是否有自行车或摩托车是很有必要的，这样可以避免在开门时有突然驶来的自行车或摩托车撞上您的车门。

打开车门前别忘观察

特别提防骑自行车的儿童

儿童判断能力差，对驶近汽车的速度和距离判断不准，意识不到危险。再加上他们动作自控能力不强和随意性大，往往会突然拐向路中。您如果不及时预防，很有可能发生碰撞事故。

儿童可能突然转向路中

要提防摩托车突然变更行驶路线

摩托车安全防护设施差，驾驶人在遇到刮碰或摔倒时很容易受伤。由于摩托车行驶速度快，目标相对较小，有时摩托车的转向信号也很难被看到。所以，当您要改变路线或转弯时，要预防前方摩托车突然抢先改变路线或转弯。

摩托车可能突然转弯

当您到达交叉路口的时候，要注意摩托车的动态。右转弯的时候，要观察是否有摩托车在您的右侧。开车直行通过交叉路口的时候，要注意准备右转的摩托车可能从您左侧绕过。

右转摩托车可能从左侧绕过

四　需要特别提醒的3种道路环境

由于在夜间视线相对不良、高速公路车速较高而山区路况相对复杂，因此，在这3种道路环境下驾车，应特别注意了解不同环境的特点，合理地控制车速和选择行驶路线，谨慎驾驶，确保行车安全。

1 夜间

夜间行车危险性大

夜间行车，视野不如白天开阔，经常会遇到突然情况，危险性大。驾驶员长时间驾驶车辆，注意力高度集中、瞳孔扩大、眨眼的频率降低，会出现头晕、视物模糊、双眼胀痛、注意力不集中及烦躁不安等症状，尤其是午夜后行车最容易产生疲劳，甚至瞌睡。另外，夜间行车由于看不见道路两旁的景观，对驾驶员兴奋性刺激小，容易引起驾驶疲劳，甚至导致交通事故。

天黑前就要打开车灯

天还没黑时就应提前打开车灯

开灯不仅仅是为了照明，更重要的是让其他交通参与者能够观察到您的车。因此，您不要等到天黑以后再打开前照灯，应在灯光能显示出车的轮廓时就打开车灯，这样更为安全。另外，在下雨天行驶要使用前照灯的近光灯，不能只开示廓灯行驶。

夜间行车控制车速更重要

夜间即使开着前照灯，可视距离也比白天短得多。遇到危险时，留给自己的反应和处置时间相对也较短。所以，您在夜间行车时，车速应更慢，以保证车辆的制动距离在前照灯照亮的距离之内，从而能及时应对危险。

车速应控制到能在前照灯照射距离之内停车

尽量避免超车

当您发现前方有车辆时，要保持比白天更大的车距。夜间很难判断跟车距是否可以超车，所以应保持较大的车距，尽量不要超车。

照明不好的地方尽量使用远光灯

只要不违反法规，在照明不好的地方尽量使用远光灯（例如，在开阔的乡村道路，或者黑暗没有路灯的城市街道）。对面有来车时，您要及时把灯光切换成近光，不要使对面的驾驶员目眩。

在照明不好的情况下尽量使用远光灯

照明好的地方使用近光灯

夜间在照明条件好的市区或路段行车，您应使用近光灯，以安全的速度行驶。同时借助路灯，尽量把您的视野扩大到前照灯光以外的区域。

在照明好的地方不要使用远光灯

时刻注意前方道路上的情况

夜间驾车时，常会遇到停靠的车辆、意外障碍物以及不易被观察到的行人或自行车等。另外，也会因突然出现的急转弯或陡坡而看不到前方的路面。所以，您在行车时应集中注意力，时刻观察前方灯光能照到的道路情况，谨慎驾驶，随时准备应对突发情况。

时刻注意灯光能照到的地方

不要直视迎面来车的前照灯

夜间当迎面车辆向您驶近时，若直视其前照灯，会因强光而突然失去视觉，不能看清前方的道路情况。所以夜间行驶时，您不要直视对面来车的前照灯。

车内灯尽量不要打开

夜间行驶，眼睛会逐渐适应黑暗的环境。若打开车内灯，则会使已经适应黑暗环境的视力突然下降。如果您驾驶的不是公交车，在行驶中尽量不要开车内灯，以免影响您的视力。

遇对面车辆不关远光灯时要及时避让

遇对面车不关远光灯时要及时避让

您在行车中如果遇到对面车辆不把灯光切换为近光时，须冷静对待，注意不要直视对面的灯光，而应仔细观察道路右侧边缘的同时，用眼睛的余光观察来车。千万不要试图用强光“还击”，这样会使两个人都看不见，很容易发生事故。

夜间行车应引起注意的几种情况

- 夜间很难看清前方行驶的摩托车和自行车，因为大多数摩托车只有一个尾灯，而自行车只有反光装置，有的自行车甚至没有反光装置；
- 很多道路施工都是在夜间进行，在道路施工区域行驶，应降低车速；
- 离开有强光照明的地方后，应及时减速行驶，逐渐适应黑暗路况；
- 当只有一个车灯的机动车向您驶来时，一定尽可能地紧靠右侧行驶，给对向车留出足够的空间。因为来车可能是摩托车或三轮农用车，但也可能是缺了一只前照灯的汽车。

2 高速公路

高速公路行车更容易疲劳

高速公路路面干扰少，长时间行车会感到枯燥，容易使人松懈或疲劳。您若没有休息好或感到有点疲劳，就不要驾车进入高速公路。在高速公路上行车时，您最好在1个半小时到2小时去就近的服务区休息一下；若感觉有点疲倦或有睡意时就不要急着赶路，最好立即休息。

进入高速公路前应对车辆进行必要的检查

当您准备进入高速公路前，应对您的车辆做必要的检查。一次简单的检查，可以帮助您避免很多行车中的麻烦。尤其是对轮胎的检查十分必要，因为在高速公路上发生爆胎非常危险。

检查项目	检 查 内 容
燃料	是否充足？最少应能行驶到下一个服务区
冷却液	是否充足？有无泄漏？
润滑油	是否充足？
风扇皮带	张紧度是否合适？有无损伤？
轮胎	气压、沟纹深度是否合适？有无裂痕？
货物	是否已固定好？

匝道上的安全行车

匝道是进出高速公路唯一的单向通道，您一旦驶入匝道，就必须一直向前行驶。因此，在进入匝道前应根据指路标志确定您目的地的行驶方向，进入匝道后严格按限速标志行驶。匝道上超车、停车、掉头、倒车，都有可能导致事故。

高速公路上应按规定的车速行驶

交通法规明确规定，高速公路上行驶的车辆，最高车速不得超过 120km/h，最低车速不能低于 60km/h，而且每一条行车道也限定了最低车速。当您从匝道驶入高速公路时，首先在加速车道迅速将车速提高到60km/h 以上，然后逐渐进入行车道，按不同车道的速度要求，在车流中以稳定的速度行驶。

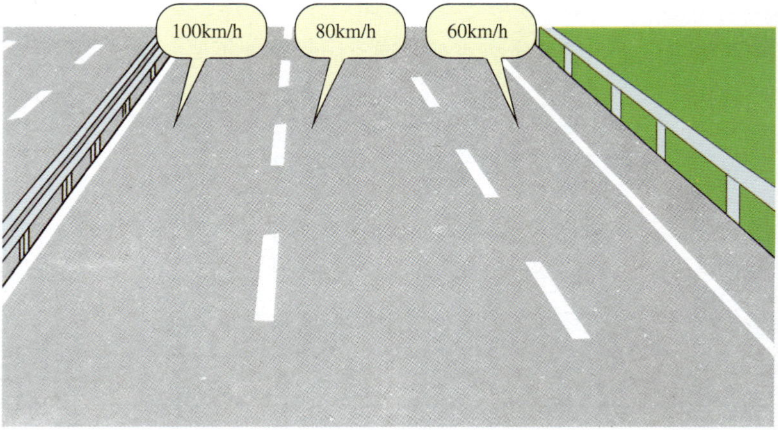

每条车道都有规定的最低车速

高速公路的速度确认和控制

由于高速公路路面宽阔、固定参照物少、车流速度高，如果凭感觉或估计判断车速会非常不准确。有时车速已经很快，您却常常感觉不到，尤其是刚从一般道路进入高速公路后这种感觉更为明显。因此，您切不可过分的相信感觉，应依据车速表确认车速。

高速公路行车应保持较大的车距

在高速公路上，因为驾车时注意力不集中或跟车距离过近而导致的撞车事故多有发生。因此，您在行车时首先应集中精力，车速超过 100km/h 时，与同车道前车保持 100m 以上的距离，车速低于

100km/h时，与同车道前车距离可以适当缩短，但最小距离不得少于50m，这样即使前车紧急制动也不易发生追尾。

跟车距离

频繁超车或变更车道是非常危险的

在高速公路上频繁变更车道，见车就超或被超过后就立即提速，您的身体总处于高度紧张状态，这样很容易疲倦。每超越一辆正常行驶的机动车，高速公路上就会增加一次发生交通事故的危险。

充分利用行车间距确认路段

在高速公路上行车时，由于长时间高速行驶，您视觉的立体感逐渐下降，对距离的估计容易发生偏差。此时，您千万不要过分相信自己的视觉判断，每当行驶到设有确认车间距离的路段，应及时检查并调整与前车的行车间距，这样做对行车安全十分有利。

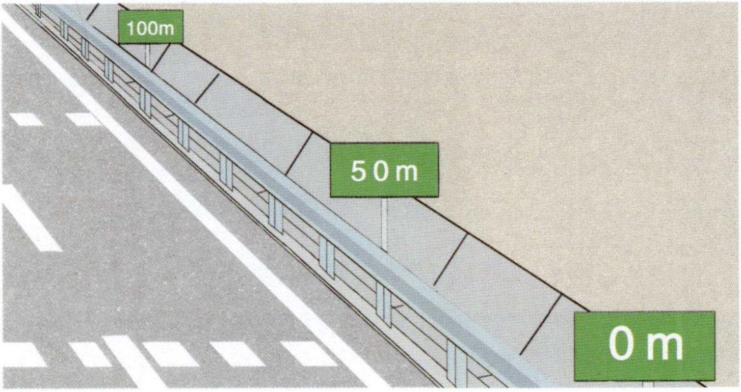

行车间距确认路段

高速公路雾天行车危险性大

雾天在高速公路上行驶时，由于能见度降低，无论是突然停车还是突然加速都很危险。当您遇到高速公路起雾时，应及时打开雾灯和近光灯，降低速度。如果能见度过低时，最好是暂时驶离高速公路，将车停到附近的服务区。雨雾天气，不能驶离高速公路或到服务区时，也应选择紧急停车带或路肩停车，并按规定开启危险报警闪光灯和放置停车警告装置。

大雨天要防止转向盘失控

由于大雨造成路面积水，车辆高速行驶时，轮胎不能及时把水排开，而漂浮在水膜上而打滑，出现所谓的“水滑”现象。一旦发生这种情况，转向操作就会失控，制动和转向效能大幅降低。因此，您在雨中行车时，应降低车速，尽量避开易积水的凹地，特别是在弯道和斜坡路段要尽量减速。发生“水滑”现象时，不要慌张地转向、制动，正确的做法是两手紧握转向盘，抬起加速踏板，充分利用发动机制动，并冷静地等待减速，使轮胎与地面的摩擦作用恢复。

水滑现象

车辆发生事故后要采取措施，确保不再发生事故

驾驶员因事故、车辆故障而在高速公路上行走或修车时被撞的事故时有发生。所以当您的车辆在高速公路上发生事故或出现故障时，应立即开启危险报警闪光灯，设法把车辆停在路肩、紧急停车带等安全地段。在设置了停车警告标志、打过求救电话、报警之后，

也不要留在车内，最好退到护栏以外等安全地带等待救援。

在安全地带等待救援

相关法律条文

行人、非机动车、拖拉机、轮式专用机械车、铰接式客车、全挂拖斗车以及其他设计最高时速低于七十公里的机动车，不得进入高速公路。高速公路限速标志标明的最高时速不得超过一百二十公里。（《道路交通安全法》第六十七条）

机动车在道路上发生故障，需要停车排除故障时，驾驶人应当立即开启危险报警闪光灯，将机动车移至不妨碍交通的地方停放；难以移动的，应当持续开启危险报警闪光灯，并在来车方向设置警告标志等措施扩大示警距离，必要时迅速报警。（《道路交通安全法》第五十二条）

机动车在高速公路上发生故障时，应当依照本法第五十二条的有关规定办理；但是，警告标志应当设置在故障车来车方向一百五十米以外，车上人员应当迅速转移到右侧路肩上或者应急车道内，并且迅速报警。（《道路交通安全法》第六十八条）

3 山区道路

注意山路陡坡急弯处看不到的危险

在山区道路，坡陡、弯急，您的视线经常被遮挡，无法预料到前方可能存在的危险。当您接近坡顶或者弯道的时候，一定要降低车速，以便在遇到危险时能及时处置。

转弯时减速

不要在陡坡或弯道处超车

在任何时候，如果您的视线被山坡或者弯道阻碍，都应该意识到前方可能有车辆或障碍物出现，接近弯道、坡顶的时候，尽量靠路右侧行驶，千万不要在这时超车。

转弯时要预防车辆驶向临崖一侧

山区的弯道往往一面临崖，您临近弯道时必须提前降低车速，同时应尽量避免靠临崖一侧太近。

尽量避免靠临崖一侧太近

下坡时要控制好速度

下坡时由于惯性，车速会越来越快。您在下坡时，应及时根据坡道情况减挡行驶，充分利用发动机制动控制车速，千万不能高速行驶或踏下离合器踏板滑行，更不能空挡滑行。

相关法律条文

同车道行驶的机动车，后车应当与前车保持足以采取紧急制动措施的安全距离。行经铁路道口、交叉路口、窄桥、弯道、陡坡、隧道、人行横道、市区交通流量大的路段等没有超车条件的，不得超车。（《道路交通安全法》第四十三条）

五　行车中的险情预测

有效地预防和避免交通事故，源于对险情的提前预测和及时处置。很多交通事故的发生是因为驾驶员没有预测到险情，在可能发生危险的地方没有做到提前预防。有些时候，危险情况可以看得见，有些时候，危险潜伏在您的视线死角里，一定要特别注意。

尽管是绿灯，一样潜伏很多危险（见 51 页上图）

1 能观察到的险情

- 前方有玩耍、上学或放学的儿童，您要及时减速，以随时能够停车的速度行驶，预防儿童突然跑向路中。

儿童可能突然跑进路中

●前方有皮球（或者其他玩具）突然滚入路中时，您应立即减速，皮球后面随时可能有儿童出现，必须及时减速或停车。

皮球后面可能跟出儿童

●夜间行车，对面来车没有关闭远光灯时，您会看不清道路情况，应该减速或停车让行，并随时注意后方车辆。

看不清路中行人

●您的右前方有自行车时，要减速慢行，注意观察自行车的动向，自行车可能突然拐到路中或者摔倒。

自行车可能突然拐向路中

●当您发现前方的车辆减速靠右停下时，应留出横向安全间距，并减速行驶，以防前车突然起步或突然打开车门。

前车可能突然打开车门

●您的前方有出租车时，应减速并稍靠近中心线行驶，出租车随时可能停车。

出租车随时可能停车

知识链接 ►►

注意儿童标志

用以提醒车辆驾驶人减速慢行，注意儿童。

注意非机动车标志

表示前方是经常有非机动车横穿、出入的地点。

珍爱生命

安
全
驾
驶

2 容易被忽略的险情

●您行至交叉路口时，即使是绿灯亮，也要减速慢行，预防看不到的动态危险突然出现。

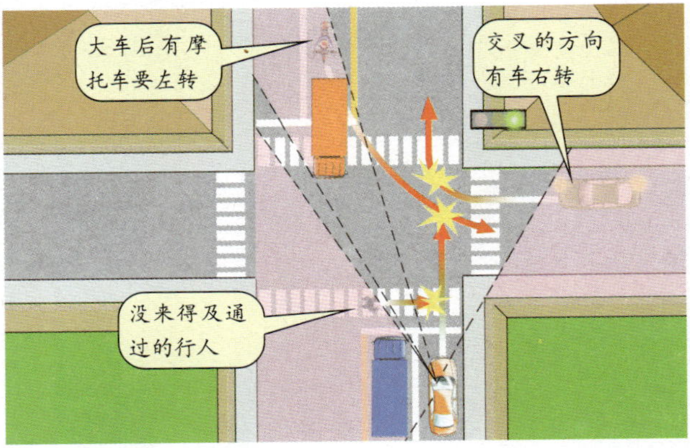

绿灯亮时，仍潜伏着很多看不见的危险

●在您前方有停靠车站的公共汽车时，要减速慢行，行人可能从车前突然横穿出来。

前方停有车辆、尤其是大型汽车时，应减速并稍靠近中心线行驶，以防车前可能突然走出行人。

停止的车前潜伏着危险

●在通过没有信号灯的路口时，即使您有优先通行权，也一定减速慢行，以防其他没有优先通行权的车辆抢行。

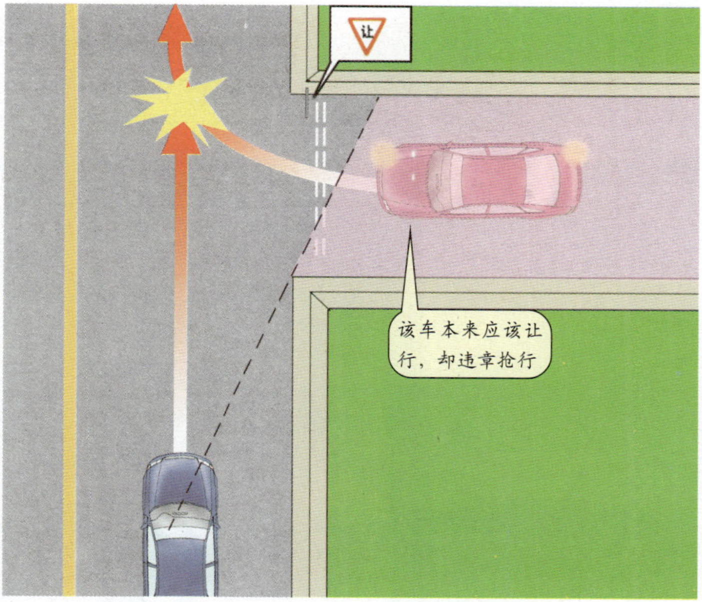

即使有优先通行权，也不可大意

●行至视线被遮挡的急转弯处，要减速慢行，做好随时停车的准备，因为无法看清被挡住的交通情况。

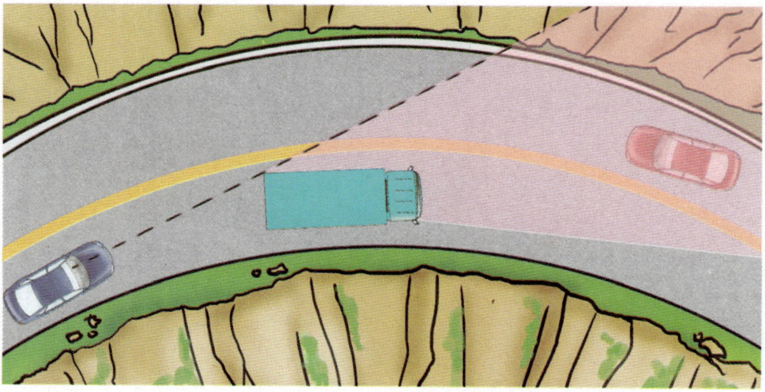

被遮挡的弯道处潜伏着危险

珍
爱
生
命

●跟在大型车辆后面时，应保持安全距离，尽量避免在大型车尾部盲区内行驶。

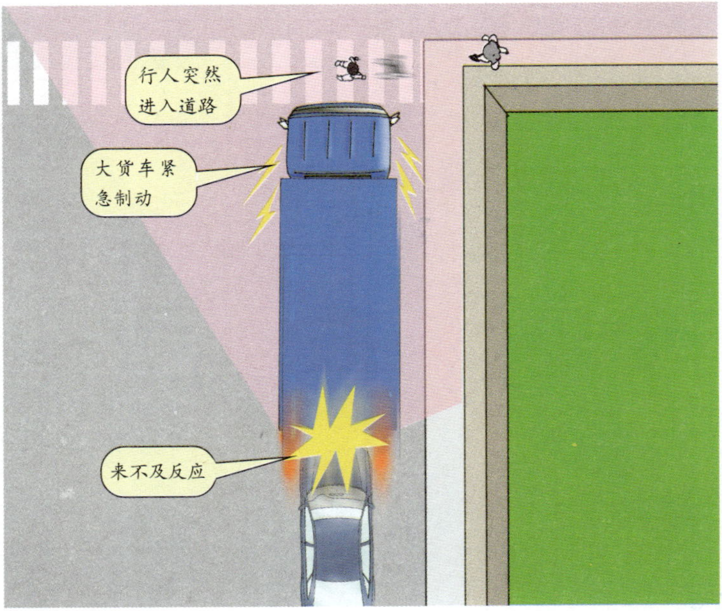

其他车辆的盲区内潜伏着危险

●准备超越前方大型车辆时，一定要仔细观察，在遵守法规的情况下安全超车。

超越大型车辆非常危险

六　身心状况与安全行车

身心状况对您的行车安全也有很大影响，而了解一些相关知识，可以帮您减少行车中的风险。

1 行车中的视觉特点

一般来说，行车中90%左右的有效信息是靠视觉获得的。了解一些视觉的特点，对您的行车安全会很有帮助。

运动中的视力要比静止时差

在行车中，驾驶员的视线在一个目标上停留的时间很短，而且目标多、变换迅速，容易忽视一些物体或者获得错误的信息。车速越快，这种倾向就越大。长时间在运动状态中观察，眼睛捕捉信息的能力会明显下降。

视野会随着车速的提高而变窄

车速为40km/h时，视野范围可达90°~100°；车速为95km/h时，视野范围只有40°。也就是说，速度越快，就越难看清近处周围的情况，行

车速为40km/h时的视野

驶的危险性也越大。

车速为60km/h时的视野

车速为95km/h时的视野

黄昏时视力分辨能力明显降低

黄昏时，物体明暗对比度低，即便使用前照灯，也会看不清楚。这段时间是事故高发时段，您在驾车时一定要小心谨慎。

眼睛对光线的强弱变化有一个适应过程

驾车进入隧道后，会突然觉得什么也看不清，过一段时间才能适应；从隧道出来，也会有一段时间看不清，仍然需要一个适应的过程。

您在进出隧道或者夜间在城镇间穿行的时候，要减速慢行，避免因为视觉原因导致事故。

2 药物的副作用

一些药物对人体会有副作用，这些副作用可能会减弱您控制车辆的能力。所以，如果您服用了下表所列类型药物，请不要驾驶车辆。

影响安全行车的药物及其副作用

药物类型	副作用	药物举例
镇静剂	● 使人肌肉活力下降，情绪消极 ● 使人头晕目眩、乏力 ● 使机体动作失调、反应迟钝	安定片、安达可辛等
兴奋剂	减弱人的抑制因素作用，丧失警惕性，过高地估计自己的操作能力	咖啡因等
致幻剂	● 产生幻觉 ● 体力和智力下降，短时间内丧失驾驶能力	普西比辛等

另外，感冒药经常使人困倦乏力，服用后也不要驾车。

药物对行车安全的影响不能一一列举，建议您在医生开药时咨询一下，或者在服药前仔细阅读药物说明书，避免因用药不当而影响行车安全。

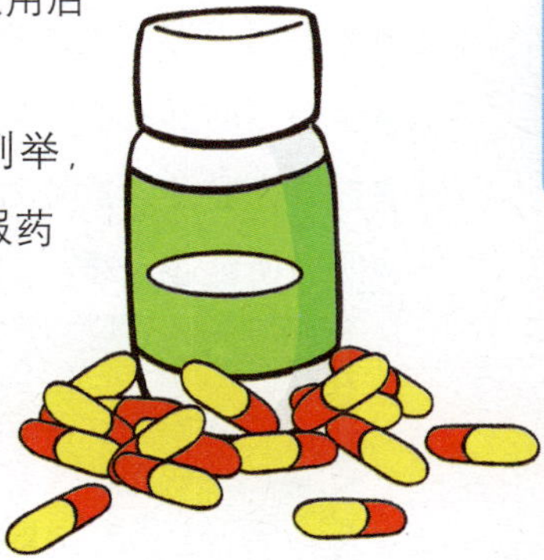

相关法律条文

饮酒、服用国家管制的精神药品或者麻醉药品，或者患有妨碍安全驾驶机动车的疾病，或者过度疲劳影响安全驾驶的，不得驾驶机动车。（《道路交通安全法》第二十二条）

3 不良情绪的影响

保持良好的精神状态与平和的情绪对安全行车至关重要。因为，当您感到过度兴奋、愤怒、焦急、悲伤或者是心烦的时候，容易忽视道路上的一些危险信息，甚至出现失误操作。

以下一些情况，常会产生不良情绪：

- 因为生气或者高兴而变得激动；
- 有心事，精神压力大；
- 行车中遇到交通堵塞或者受到其他车辆的干扰。

行车之前，如果您已经知道自己情绪不够平静，应放弃驾车，改乘其他交通工具，或者等心情平静后再驾驶。

如果行车中遇到交通拥挤，或者其他车辆“冒犯”了您，千万不要急躁。保持宽容的心态，不要将自己置于危险之中。

如果行车中变得特别焦躁，可以尝试以下方法调节情绪：

- 考虑自己和别人的安全，可以使您的心情变得平静些；
- 保持耐心和礼貌，要知道任何人都可能犯错误；
- 打开车窗让新鲜空气进来，做一下深呼吸；
- 听一听随车音乐。

放松心情

4 年龄因素的影响

高龄驾驶员应该注意的一些问题

一般来说，老年驾驶员从捕捉路况信息、做出判断到采取操作措施的整个过程所需时间比年轻时长，也就是说他们的反应会随着年龄的增大而变慢。一般来说，成年人到了一定年龄段之后，随着年龄的增大，对于紧急情况做出错误反应的几率也有逐渐增大的趋势。而且老年人的视力、听力也有所下降，身体灵活性也会变差。这些对安全行车都是不利因素。

老年驾驶员虽然驾驶经验比较丰富，驾车沉着稳重，但是限于身体条件的变化，对于紧急情况的处理能力有所下降，驾车时应当格外小心。

高龄驾驶员发生事故，一般有以下一些原因：

- 受视力、听力等因素影响，没有意识到危险；
- 虽然很早就发现了危险，但采取正确措施时为时已晚。

老年驾驶员要小心行车

年轻驾驶员应该注意的一些问题

年轻驾驶员（18~24岁）尽管身体机能、运动神经、感觉机能等非常好，但引发事故的几率却非常高。

年轻驾驶员需要避免下列倾向：

- 不服输的心态。一旦被别的车辆超过，就想方设法反超。
- 以自我为中心。希望其他车辆和行人都为自己让行。
- 容易急躁。随意超车；没有耐心跟车行驶；急于超越其他车辆。
- 过分相信自己的驾驶能力，炫耀自己的驾驶技术。

年轻驾驶员不要逞一时之勇

七 应急驾驶

行车中可能会遇到各种各样的紧急情况，如果采取措施不当，极易发生交通事故。因此，掌握应急驾驶方法，按照应急驾驶的原则，及时正确地处理突然情况，可以有效的避免事故的发生。

1 应急驾驶的 3 个原则

冷静判断，果断处置

您在行车中遇到紧急情况时，千万不要慌张，最重要的是应保持清醒头脑，冷静分析，迅速判断原因，这对于您采取正确的应对措施非常关键。

避重就轻，先人后物

如果您感到事故已不可避免，就要设法尽量降低事故损失，本着“宁让物受损，勿让人伤亡”的原则，采取相应的应对措施。

先人后物

遇紧急情况，应先转方向，后用制动

一般来讲，在紧急情况下，先转动转向盘，往往可以使车辆避开事故的中心位置，而如果先踩制动踏板，则有可能使车辆失去避险的最佳时机。因此，您在遇到紧急情况时，应该先转动转向盘避让后，随即制动减速。

先转向，后制动

特别提醒！

如何预防出现紧急情况

很多紧急情况的出现，是因为车辆的重要装置突然出现故障。为避免出现紧急情况，除了注意谨慎驾驶之外，还要做好对车辆的维护和检查。

对于与行车安全相关的重要装置，建议您按照车辆维护手册的要求，定期进行维护检测。行车前注意检查转向装置，注意转向盘间隙是否过大，各连接机构是否有松动；检查制动踏板的行程是否有异常，制动管路是否有渗漏；检查轮胎是否过度磨损，是否有损伤。

2 常见紧急情况的处置

转向失灵的应急处置

当您发现转向突然失灵时，应尽快减速，在采取制动措施的同时，注意及时将危险警示信息传递出去，提醒道路上的其他车辆以及行人注意避让。车速较高时，不可紧急制动降速，否则车辆容易发生侧滑，甚至倾翻。

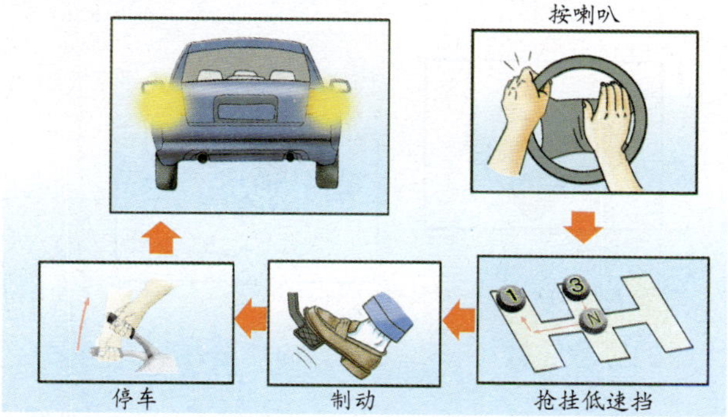

制动失效的应急处置

行车中突然发现制动失效时，最重要的是握稳转向盘，设法避开交通复杂、人员较多的地方，并视情抢挂低挡或使用驻车制动进行减速，同时利用上坡道或天然障碍迫使车辆降速、停车。

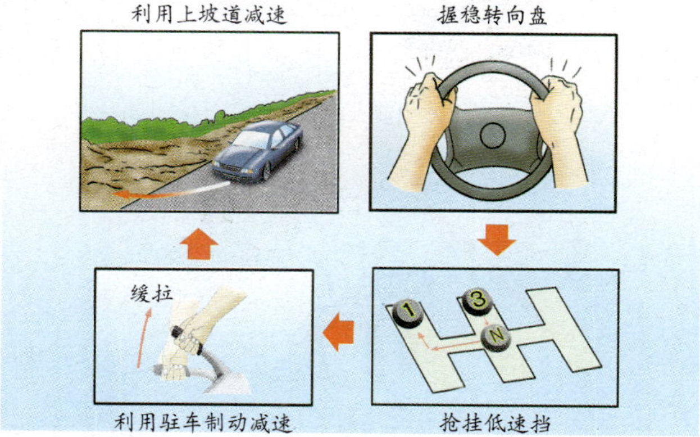

珍
爱
生
命

爆胎时的应急处置

当您觉察到轮胎爆裂时，应及时握紧转向盘，控制方向。同时缓踏制动踏板尽快降低车速后，迅速抢挂低速挡。在发动机制动尚未控制车速前，不要冒险紧急制动停车，以免车辆横甩发生更大的危险。

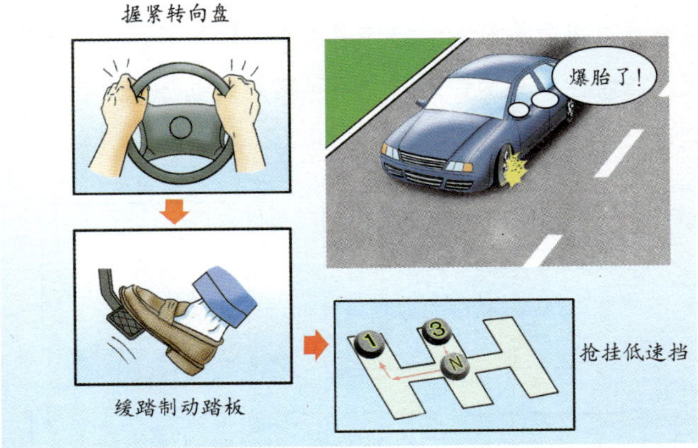

失火时的应急处置

车辆着火时，应迅速将车辆驶向人员稀少的空旷地带，远离加油站、建筑物、高压电线、树木及其他易燃物品，并设法救火。如果发动机着火，应迅速关闭发动机，尽量不打开发动机罩，从车身通气孔、散热器及车底进行灭火。

车辆着火应远离这些场所

八 伤员紧急救护知识

掌握伤员紧急救护知识和方法，在抢救伤者时，正确地实施紧急救护，可以避免二次伤害，及时挽救伤者生命。

1 伤员紧急救护的注意事项

遵守伤员紧急救护的基本原则

伤员紧急救护的基本原则是先抢救重伤员，再抢救轻伤员；先救命，再治伤；先通气止血后包扎固定，妥善转送就近医院。

尽量不要移动伤者

除非面临危险，不要轻易移动伤者。如果不了解伤情或不懂急救，急于移动伤者可能会进一步加重伤害。对伤势不清楚的伤者，在专业救护人员到来之前，不要急于将伤者送往医院，防止由于一些致命伤没有被发现，在搬运时加重伤势，导致运送途中死亡。应及时拨打120求救。

抢救伤者要预防二次伤害

抢救伤者要沉着冷静，避免二次伤害。抢救压于车底的伤者时，要设法移开车辆或物品，禁止拉拽伤者的肢体；从车中移出伤者或搬运伤者时不要生拉硬扯，动作要轻柔，防止因搬运不当加重伤势；伤病员尽可能用救护车运送，可以使伤者平卧，减少运送途中的再损伤。

搬动伤者动作要轻柔

2 常用伤员紧急救护方法

给伤者通气

当意外创伤和急危重伤者出现呼吸困难或停止呼吸时，应争分夺秒进行抢救，排除呼吸道阻塞，开放气道并为人工呼吸做好准备。

通气法：扶起伤者头部，将其轻轻推至侧卧，清理伤者口腔中的食物、渣滓、流质等异物，开放气道。

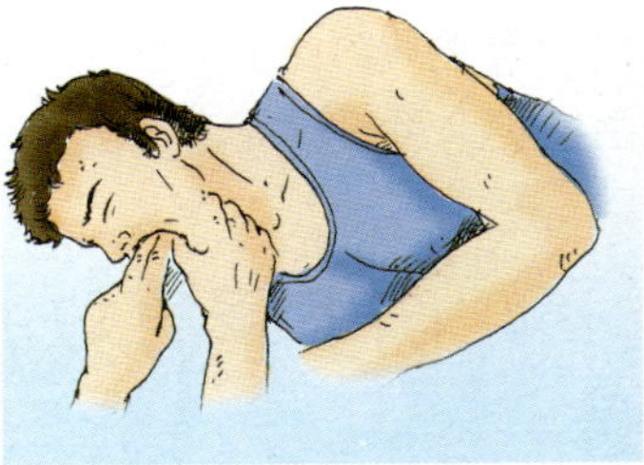

清理伤者口腔异物

人工呼吸法

伤员呼吸停止后2～4min内便会死亡，在这种情况下，应及时对伤员进行口对口的人工呼吸抢救，以挽救伤员的生命。

（1）让伤员仰卧，面部向上，颈后部（不是头后部）垫一软枕，使其头尽量后仰。

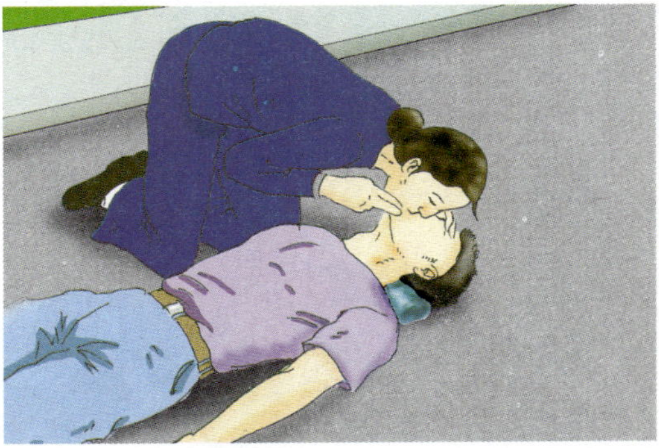

（2）抢救者位于伤员头旁，一手捏紧伤员鼻子，以防止空气从鼻孔漏掉；同时用口对着伤员的口吹气，在伤员胸壁扩张后，即停止吹气，让伤员胸壁自行回缩，呼出空气；如此反复进行，每分钟约16～20次；对儿童每3～4s一次，一分钟15～20次，要有规律地、

正确地反复进行。

（3）吹气时要快而有力，并密切注意伤员的胸部，如胸部有活动后，立即停止吹气，并将伤员的头偏向一侧，让其呼出空气。

（4）成人每次吹气量应大于800mL，但不要超过1200mL；低于800mL，通气可能不足；高于2000mL，常使咽部压力超过食管内压，使胃胀气而导致呕吐，引起误吸。

（5）每次吹气后抢救者都要迅速掉头朝向伤员胸部，以求吸入新鲜空气。

（6）进行4～5次人工呼吸后，应摸摸颈动脉、腋动脉或腹股沟动脉。如果没有脉搏，必须同时进行心脏按压。

胸外心脏按压法

胸外心脏按压是从伤员体外压迫一度停止跳动的心脏，使之恢复跳动的一种急救方法。

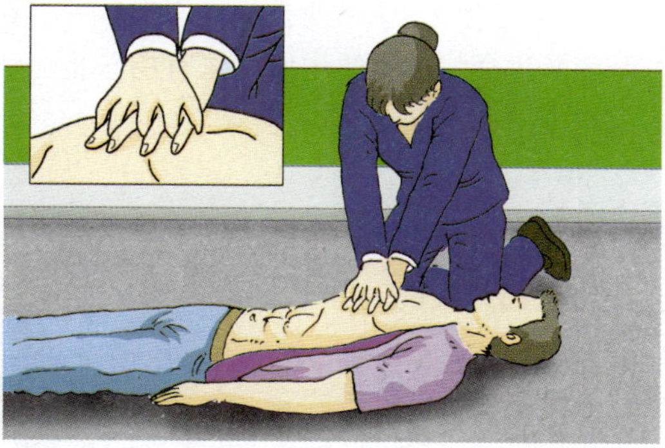

（1）使伤员仰卧在硬板上或地上，抢救者站在或跪在伤员侧面（左侧或右侧均可），两手相叠，一只手掌放在胸骨中央下二分之一处，另一只手放在前一只手的上面加强力量；将手掌根部放在伤员的胸骨下方、剑突之上。

（2）借自己身体的重量，以手掌根部用力向下作适度压陷，然后放松压力，让胸廓自行弹起；以每分钟60～80次的规律速度按压，向下按压和松开的时间必须相等；按压的间歇不再使胸部受压，便于心脏充盈；但手掌根不要抬起离开胸壁，以免改变按压的正确位置。

（3）抢救者的双臂应绷直，双肩应在伤员胸骨的正上方，上半身可向前倾斜，利用上半身的体重和肩、臂部肌肉度和宽度应够大；不然会使压迫心脏的力量减弱而减小了按压的作用。

（4）如伤员在钢丝床上，应在其背后垫一块硬板，其长度和宽度应够大，不然会使压迫心脏的力量减弱而减小了按压的作用。

（5）对儿童伤员心脏按压要轻而快。只用一只手，试着力量进行，压力约为成人的二分之一左右，以每分钟80～100次的规律速度按压；若是幼儿，可用两个手指压迫，压力为儿童的二分之一，每分钟100～110次为妥。

及时进行止血

对于大量出血的伤者，应及时采用有效的止血方法，以免因伤者大量出血而危及生命。常用的止血方法有指压止血、屈肢加垫止血、止血带止血、绞紧止血等。

指压止血法

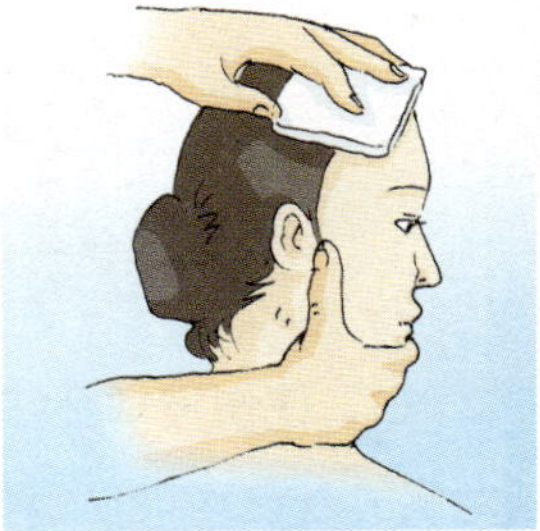

指压止血法是指较大的动脉出血后，用拇指压住出血的血管上方（近心端），使血管被压闭住，中断血液。

（1）颞动脉压迫止血法：用于头顶及颞部动脉出血。用拇指或食指在耳前正对下颌关节处用力压迫。

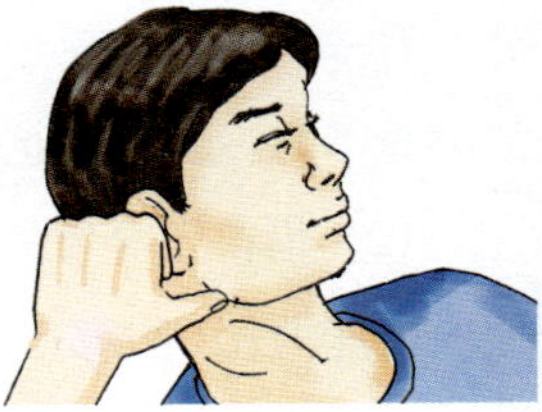

（2）颌外动脉压迫止血法：用于颜面部的出血；用拇指或食指在下颌角前约半寸外，将动脉血管压于下颌骨上。

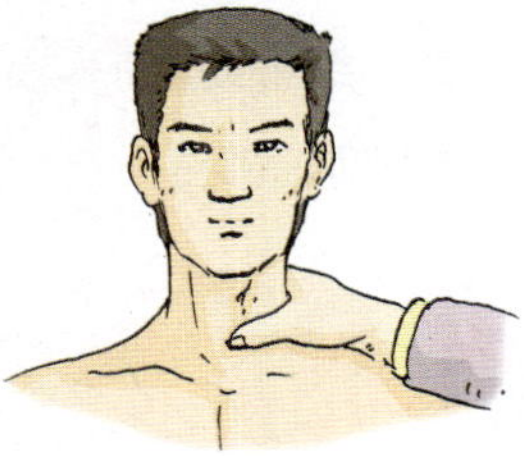

（3）颈总动脉压迫止血法：常用在头、颈部大出血而采用其他止血方法无效时使用。方法是在气管外侧，胸锁乳深肌前缘，将伤侧颈动脉向后压于第五颈椎上，但禁止双侧同时压迫。

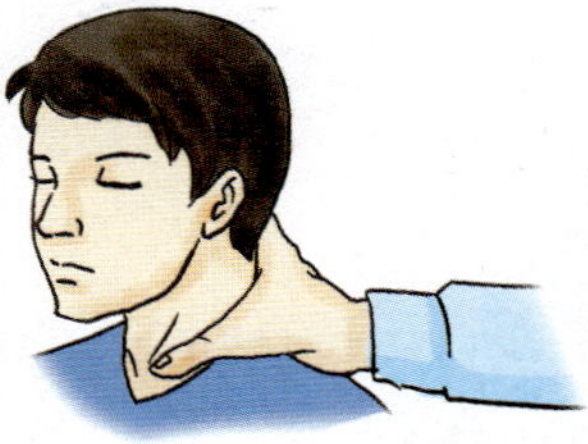

（4）锁骨下动脉压迫止血法：用于腋窝、肩部及上肢出血。用拇指在锁骨上凹摸到动脉跳动处，其余四指放在病人颈后，以拇指向下内方压向第一肋骨。

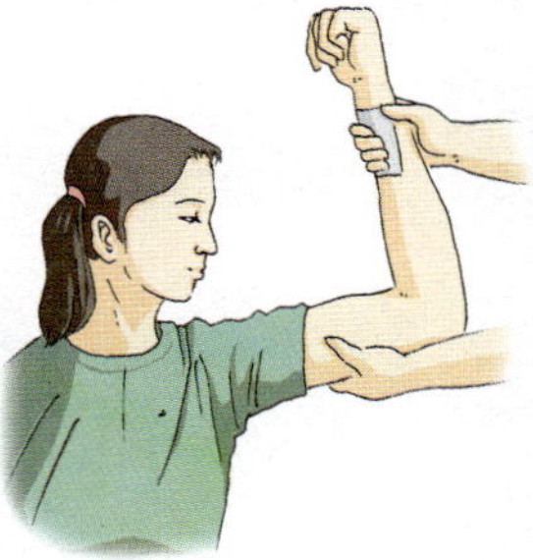

（5）肱动脉压迫止血法：用于手、前臂及上臂下部的出血。在病人上臂的前面或后面，用拇指或四指压迫上臂内侧动脉血管。

● 包扎止血法

包扎止血法是指用绷带、三角巾、止血带等物品，直接敷在伤口或结扎某一部位的处理措施。

（1）加压包扎止血法：适用于小动脉、静脉及毛细血管出血。用消毒纱布垫敷于伤口后，再用棉团、纱布卷、毛巾等折成垫子，放在出血部位的敷料外面，然后用三角巾或绷带紧紧包扎起来，以达到止血目的。

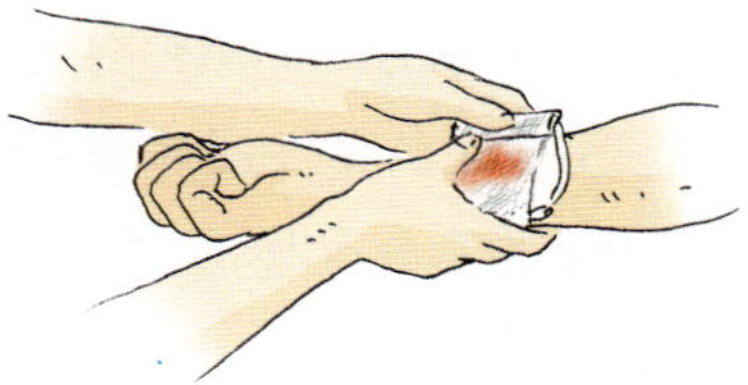

（2）加垫屈肢止血法：在上肢或小腿出血，且没有骨折和关节损伤时，可采用屈肢加垫止血。如上臂出血，可用一定硬度、大小

适宜的垫子放在腋窝，上臂紧贴胸侧，用三角巾、绷带或腰带固定胸部；如前臂或小腿出血，可在肘窝或腘窝加垫屈肢固定。

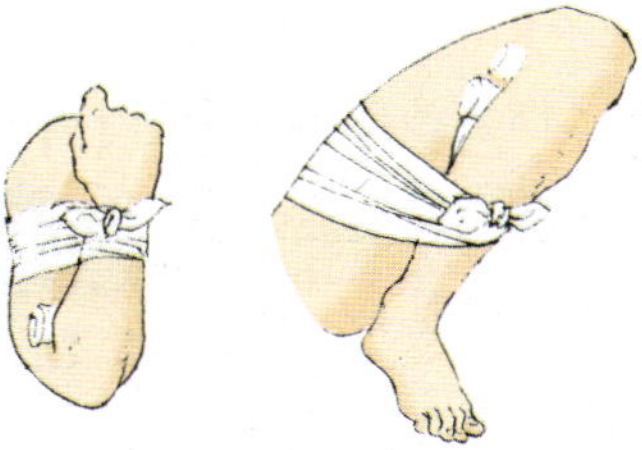

（3）止血带止血法：材料取弹性的橡皮管、橡皮带。上肢结扎于上臂上三分之一处，下肢结扎于大腿的中部。包扎时应先将伤肢抬高，底部垫上敷料或毛巾等软织物，将止血带适当拉长，绕肢体两周，在外侧打结固定。要标明扎止血带时间，每40分钟放松一次。

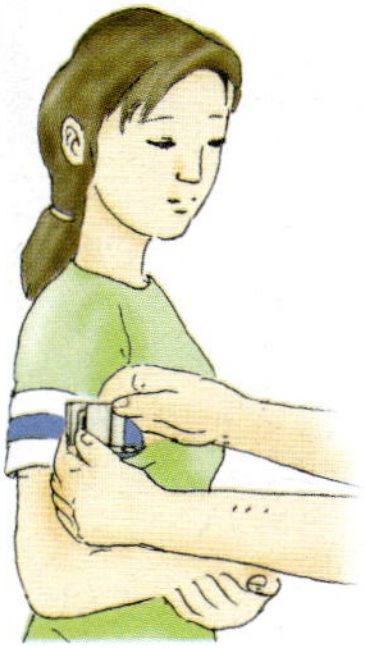

（4）一般小动脉和静脉出血可用加压包扎止血法；较大的动脉出血，应用止血带止血法；在紧急情况下，须先用压迫法止血，然后再根据出血情况改用其他止血法。

（5）如伤处有骨折时，须另加夹板固定；伤口内有碎骨或异物存在时，不得应用加压包扎止血法；用止血带止血，一定要扎紧，如果扎得不紧，深部动脉仍有血液流出。

绷带包扎法

用绷带包扎伤口，目的是固定盖在伤口上的纱布，固定骨折或挫伤，并有压迫止血的作用，还可以保护患处。

（1）环形法：多用于手腕部，肢体粗细相等的部位。先将绷带作环形重叠缠绕，第一圈环绕稍作斜状，第二、三圈作环形，并将第一圈之斜出一角压于环形圈内，最后用胶布将带尾固定，也可将带尾剪成两个头，然后打结。

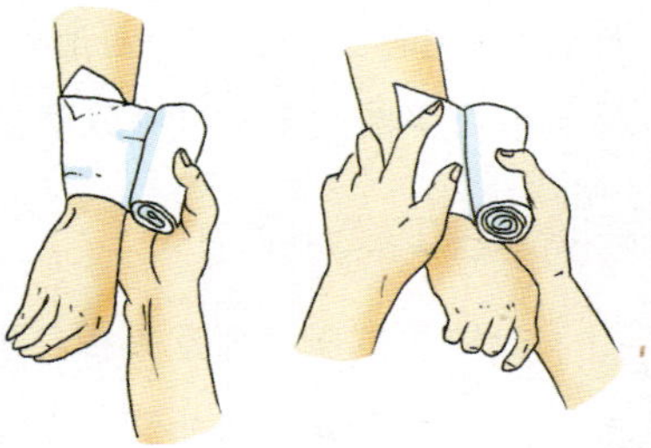

（2）蛇形法：多用于夹板的固定。先将绷带按环形法缠绕数圈，按绷带的宽度作间隔斜着上缠或下缠。

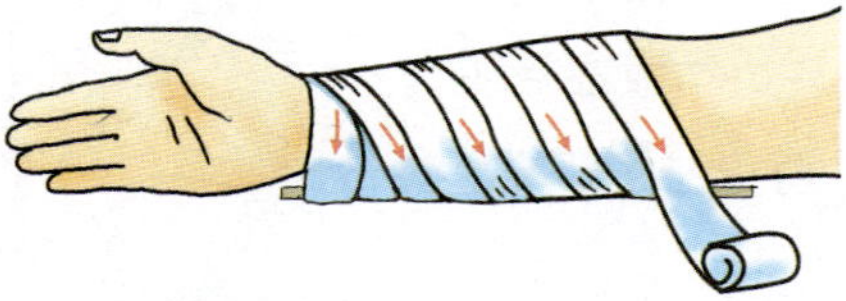

（3）螺旋形法：多用于肢体粗细相同处。先按环形法缠绕数圈，上缠每圈盖住前圈三分之一或三分之二呈螺旋形。

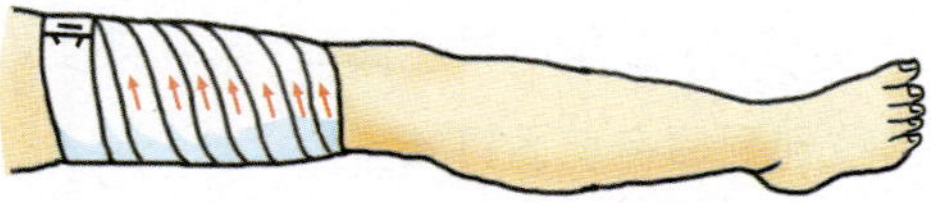

（4）螺旋反折法：多用于肢体粗细不等处。先按环形法缠绕，待缠到渐粗处，将每圈绷带反折，盖住前圈三分之一或三分之二，依此由下而上地缠绕。

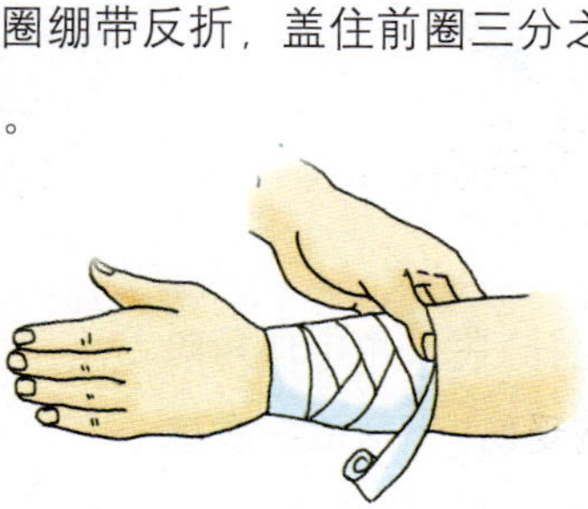

（5）绷带不能打得过紧，也不能过松，不然会引起血液循环不良或松得固定不住纱布；打结时，不要在伤口上方，也不要在身体

背后，以免睡觉时压住不舒服。在没有绷带而必须急救的情况下，可用毛巾、手帕、床单（撕成窄条）、长筒尼龙袜子等代替绷带包扎。

三角巾包扎法

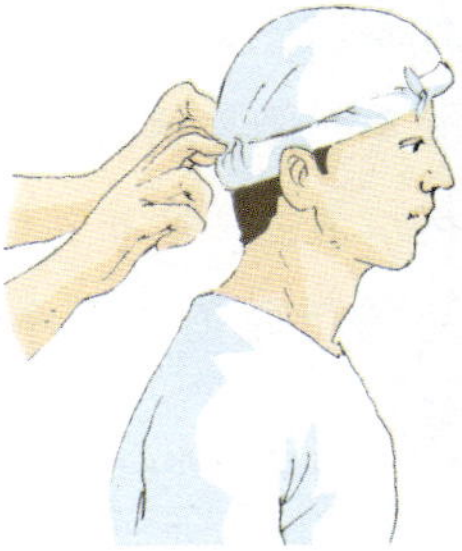

对较大创面、固定夹板、手臂悬吊等伤员，需应用三角巾包扎法。

（1）普通头部包扎：先将三角巾底边折叠，把三角巾底边放于前额拉到脑后，相交后先打一半结，再绕至前额打结。

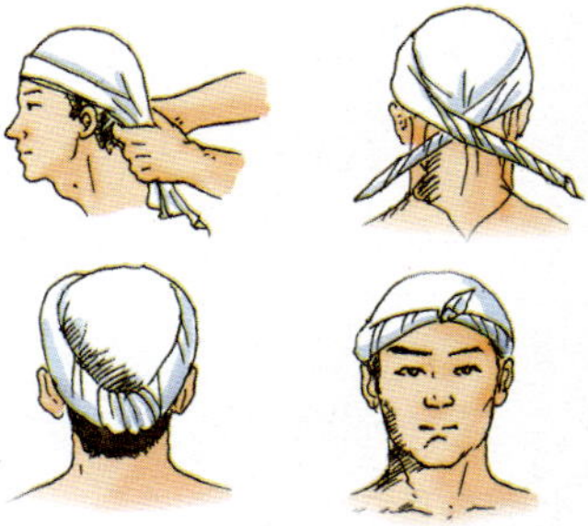

（2）风帽式头部包扎：将三角巾顶角和底边中央各打一结成风帽状。顶角放于额前，底边结放在后脑勺下方，包住头部，两角往面部拉紧向外反折包绕下颌。

（3）普通面部包扎：将三角巾顶角打一结，适当位置剪孔（眼、鼻处）。打结处放于头顶处，三角巾罩于面部，剪孔处正好露出眼、鼻；三角巾左右两角拉到颈后在前面打结。

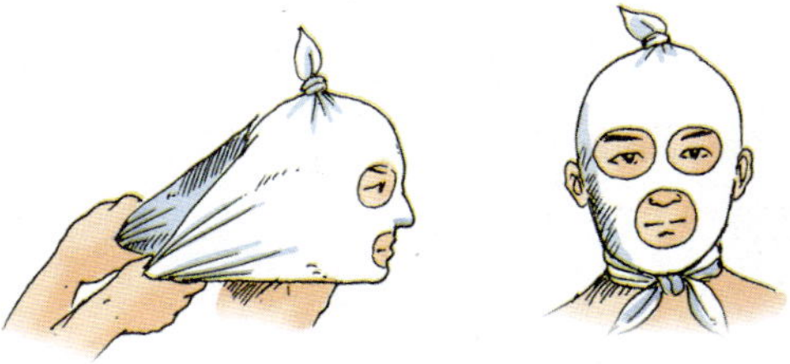

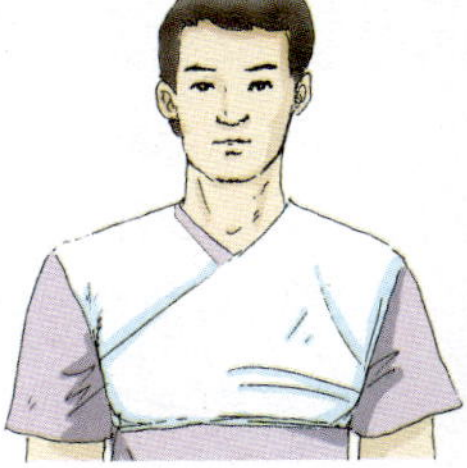

（4）普通胸部包扎：将三角巾顶角向上，贴于局部，如系左胸受伤，顶角放在右肩上，底边扯到背后在后面打结；再将左角拉到肩部与顶角打结；背部包扎与胸部包扎相同，位置相反，结打于胸部。

骨折固定法

当发生骨折事故之后，为了使断骨不再加重对周围组织的损伤，减轻患者的疼痛和便于医生的诊治，在运送伤员去医院的途中，应进行必要的固定。

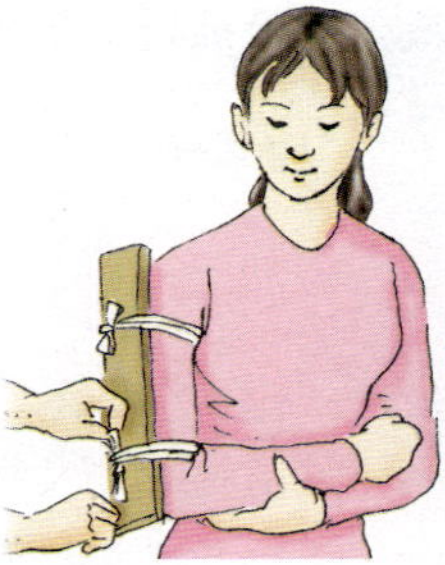

（1）肱骨骨折固定法：伤者手臂呈屈肘状，用两块夹板固定，一块放于上臂内侧，另一块放在外侧，用绷带固定。如只有一块夹板，则夹板放在外侧加以固定，用三角巾悬吊伤肢。

（2）大腿骨折固定法：将伤腿拉直，夹板长度上至腋窝，下过脚跟。两块夹板放于大腿内、外侧。用绷带或三角巾缠绕固定。

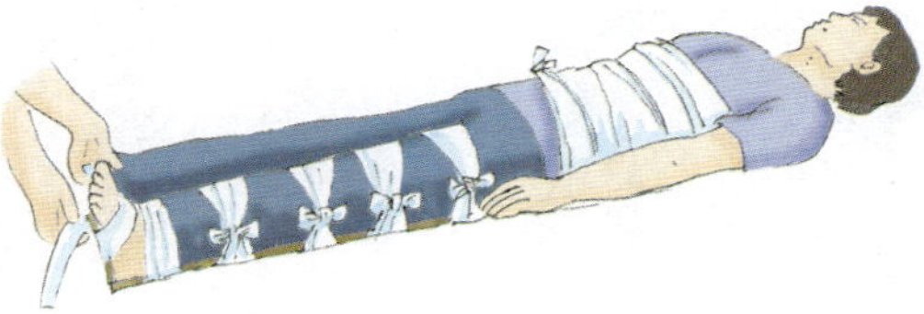

（3）脊柱骨折固定法：严禁乱加搬动，应轻巧平稳地在保持脊柱安定状况下，移至硬板担架上，用三角巾固定后，及早送往医院。切勿扶持伤者走动或使用软担架运送，以免使脊柱骨折加重，引起终生截瘫。

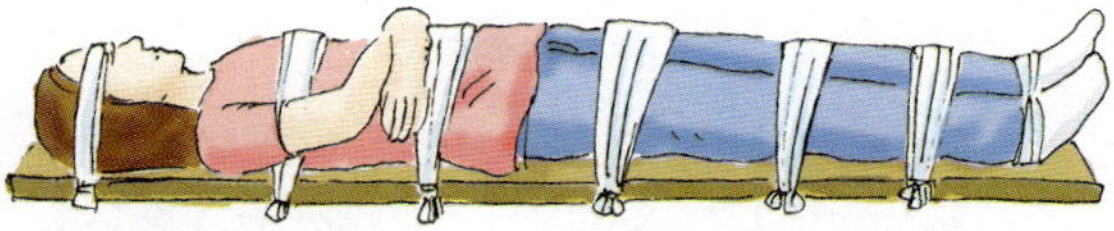

（4）骨折处有出血时应先止血和消毒包扎伤口，然后固定。对于大腿、小腿和脊椎骨折，一般应就地固定，不要随便移动伤者。

（5）固定力求稳妥牢固，要固定骨折的两端和上下两个关节。上肢固定时，肢体要弯着绑屈肘状；下肢固定时，肢体要伸直绑。

选择适当的搬运方法

要根据伤者的具体情况选择合适的搬运方法和搬运工具，可以减少伤者痛苦，避免致残或死亡。具体搬运方法有担架搬运法和徒手搬运法。

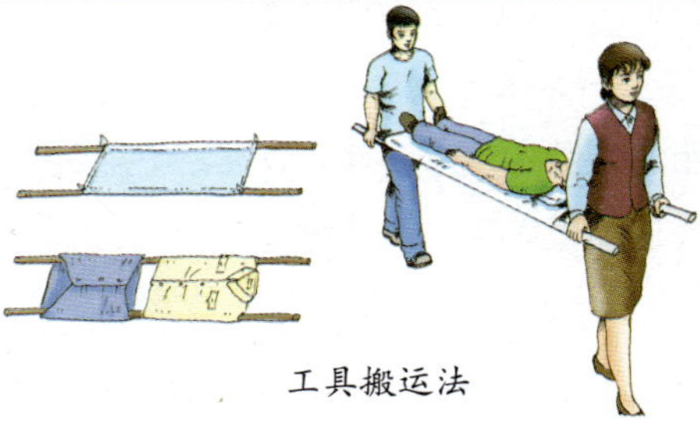

工具搬运法

单人徒手搬运法

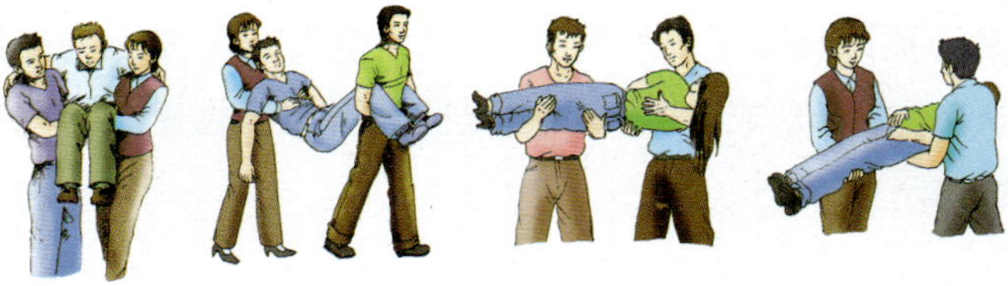

双人徒手搬运法

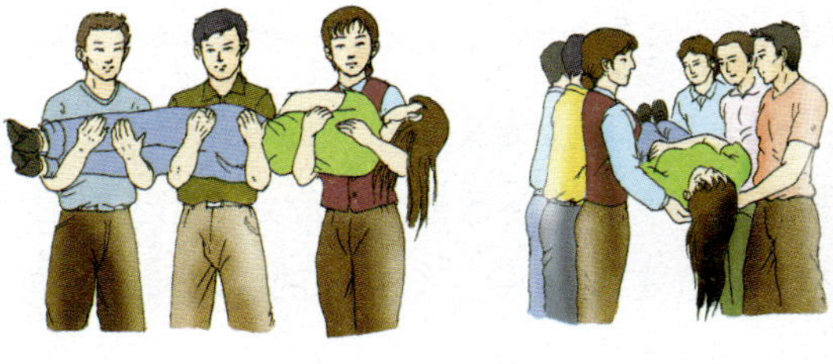

多人徒手搬运法

《道路旅客运输安全指引》

【作者】交通部公路司

【所属类别】行业培训教材

【开本】880 × 1230 1/32

【ISBN 号】978-7-114-06944-4

【定价】10 元

【销售价】10元

内容简介

本书为道路旅客运输安全工作的指导手册，指导道路旅客运输企业、客运站的从业人员如何进行安全管理，如何进行安全操作，以及应急预案的正确实施等。

本书的读者对象为道路旅客运输经营者、驾驶员、乘务员以及客运站管理人员。

《汽车驾驶图本》

【作者】本书编写组

【所属类别】汽车挂图、图册

【开本】32开

【版数】2006 年 12 月第 1 版第 6 次印刷

【ISBN 号】7-114-05089-5

【定价】19.6 元

【销售价】19.6元

内容简介

本书系汽车驾驶学习参考用书。全书以卡通图为主，辅以必要的文字说明，生动翔实地讲解了汽车驾驶的关键技术和动作要领。本书最大特点是易读易懂，既适合初学驾驶的人全面了解驾驶技能的基础，又适合有一定经验的驾驶员细化提高技术。

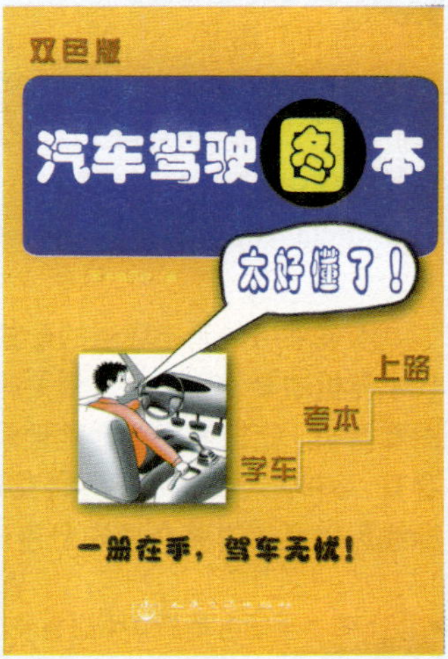

《道路交通标志、标线和指挥信号全接触(彩色版)》

【作者】张生瑞

【所属类别】法规、行业培训教材

【开本】大32开

【版数】第1版第1次印刷

【ISBN号】7-114-05492-0

【定价】16元

【销售价】16元

内容简介

全书对我国道路上常见的标志、标线和指挥信号进行图解，内容全面、文字简洁，并配有彩色的图片及真实的场景照片。

本书可供机动车驾驶人、交通参与者等参考、学习。

数码连环画 《机动车驾驶中的法规(彩色版)》

【作者】熊达闻

【责任编辑】谢元

【开本】787 × 980 1 / 16

【版次】2005年11月第1版第1次印刷

【书号】ISBN7-114-05762-8

【定价】25．00元

内容简介

本书采用数码连环画的形式对交通法规中与机动车驾驶人息息相关的条款进行图释解析，让您完完全全地理解法规。内容有：《中华人民共和国道路交通安全法实施条例》、国标《道路交通标志和标线》以及《道路交通安全违法行为记分分值》。

- 以上图书全国各地新华书店有售。
- 办理邮购业务可致电我社经营的北京兴通交通书店(010-85285656，xingtong@ccpress.com.cn)。
- 更多图书信息可登陆我社网站查询，网址：www.ccpress.com.cn
- 如果您有其他特殊需要，也可直接与我社发行部联系：

电话：010-85285992 传真：85285993

地址：北京市安定门外外馆斜街3号(100011)